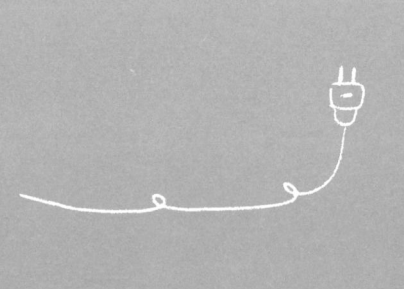

没有不聪明的大脑
只有不会训练的父母

[南非] 麦露迪·德·雅格 著
Melodie de Jager

王雷 译

人民东方出版传媒集团

东方出版社
The Oriental Press

图字：01-2021-3289

Original title: Mind Moves: Removing Barriers to Learning
Copyright text© Dr Melodie de Jager
First published by Mind Moves Institute Publishing 2019
All rights reserved.

The Simplified Chinese translation rights arranged through Rightol Media.（本书中文简体版权经由锐拓传媒取得 Email:copyright@rightol.com）

图书在版编目（CIP）数据

没有不聪明的大脑　只有不会训练的父母 /（南非）麦露迪·德·雅格 著；王雷 译 . —北京：东方出版社，2021.10
书名原文：Mind Moves: Removing barriers to learning
ISBN 978-7-5207-2305-3

Ⅰ . ①没… Ⅱ . ①麦… ②王… Ⅲ . ①家庭教育 Ⅳ . ① G78

中国版本图书馆 CIP 数据核字（2021）第 143595 号

没有不聪明的大脑　只有不会训练的父母
（MEIYOU BU CONGMING DE DANAO ZHIYOU BU HUI XUNLIAN DE FUMU）

作　　者：	[南非] 麦露迪·德·雅格
译　　者：	王　雷
责任编辑：	陈丽娜　张凌云
出　　版：	东方出版社
发　　行：	人民东方出版传媒有限公司
地　　址：	北京市西城区北三环中路 6 号
邮　　编：	100120
印　　刷：	北京联兴盛业印刷股份有限公司
版　　次：	2021 年 10 月第 1 版
印　　次：	2021 年 10 月第 1 次印刷
开　　本：	880 毫米 ×1230 毫米　1/32
印　　张：	6.5
字　　数：	100 千字
书　　号：	ISBN 978-7-5207-2305-3
定　　价：	49.80 元

发行电话：（010）85924663　85924644　85924641

版权所有，违者必究
如有印装质量问题，我社负责调换，请拨打电话：（010）85924602　85924603

面对一件从来没做过的事，人们一开始往往没有信心能搞定它，于是自欺欺人地认为这件事根本无法完成，因为做这件事意味着他们要花大力气重新探索整个花园。但是，总会有人开始这种"探索"，而且，"探索"一旦开始就无法停下了，进而，他们发现自己竟然能做并且做成了。然后全世界的人们都开始奇怪：这么简单的事，为什么几个世纪前不去做呢？

弗朗西丝·霍奇森·伯内特 —— 《秘密花园》作者

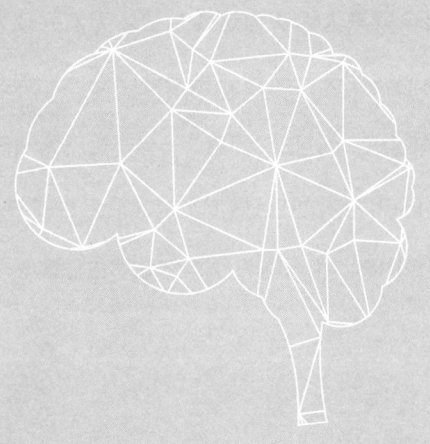

写在前面

为什么要做这样一本书？

一直想要策划这样一本书。

作为一个二年级孩子的母亲。

因为那天发生的事情，让我觉得，我必须要替那样的孩子们发出声音。事情很简单也很常见：

航哥奶奶去接他放学，在校门口看到他和几个男孩子围着一个瘦瘦小小的男孩子推搡着，有的还动手去拍那孩子头上戴的小黄帽，帽檐被拍得掉在鼻梁处遮住了眼睛。奶奶赶紧过去揪出航哥，让他不要欺负同学，其他几个淘气小子一看有大人出头，也一哄而散。那孩子妈妈很生气，一把扯过孩子，因为航哥被我家威武的老太太及时制止了，其他孩子跑得又快，她只能冲自己儿子发脾气：学习学习不行！体育体育不行！什么都干不好，连别人欺负你也不知道还手吗？你还能再没出息一点吗？那时候，周围都是放学的孩子和接孩子的家长，当着那么多人，孩子刚刚被同学欺负完，又被妈妈数落训斥。

这些只是孩子奶奶的转述，我不在现场，但仍然心疼得鼻子发酸。那孩子当时要多无助多委屈啊。

后来我问航哥，为什么要欺负人家。航哥仍然愤愤不平：要不是他，今天体育课我们小组能拿第一名！就是他拖我们组的后腿，我们组得了第四名！他笨死了！学习也笨！那么简单的题他就考四十多分！我闭着眼都能考100！写字也丑，丑死了！还净错别字！没见过那么笨的，净拖累我们！

我当时气得真想揍他一顿，忍了又忍，跟他讲道理："他是故意不做好老师的指令拖大家的后腿吗？"航哥说："不是，但是这样更气人啊！笨得带都带不动啊！"我又说："既然他不是故意的，那就表明他也很想做好啊，对不对？有谁会不愿意做一个各方面都很优秀的人呢？但是，有的孩子跟你们不一样，不是他们不想做好，相反，他们可能比你们更用功，但是因为有学习困难或者学习障碍，他们哪怕付出比你们多10倍的努力，也不一定能取得跟你们一样的成绩。作为同学，你应该多帮助他而不是欺负他，对不对？"

很明显，航哥并不服气，因为，他无法理解，不会写的单词，多背两遍就会了；不会做的题，老师讲了就会了；体育课上的动作，多练两遍不就解决了！有什么难的？所谓夏虫不可语冰，说的就是这种情况。

我想不只是航哥，大部分的家长和老师也意识不到，孩子的学习究竟是哪里出了问题？智商明明是正常的啊！别的孩子20分钟就能写完的作业，我家孩子2个小时了还写不完，肯定是孩子犯懒，故意拖拉磨蹭！一个简单到不行的汉字，孩子写了几十遍了再听写还是不会！别人家孩子英语都考过KET了，我家孩子还b、d傻傻分不清， c能写成 ，肯定是孩子不用心不努力！最简单的公约数、公倍数的问题，就按照我教他的方法做肯定没错，他就是不听话导致总也做不对！他肯定故意的，不是学不会是他学习态度有问题！

难道孩子真的就是不想好好写作业？就是不想好好学习考出好成绩吗？相信没有哪一个孩子喜欢这样的。所以，我策划了这本书，一为解决家长和老师的困惑，让更多人知道学习困难和学习障碍的存在。二来，为家长和老师提供解决方案：正确训练孩子的大脑，提高孩子的学习能力。

本书的作者——教育心理学博士、大脑发育专家麦露迪·德·雅格博士以其30多年的实践经验，结合最新的脑科学研究成果著成本书，提出影响孩子学习能力的三商（智商、情商、体商）和三脑（生存大脑、情感大脑和思考大脑）。告诉家长和老师，那些靠孩子盲目的努力和家长"鸡娃"解决不了的学习问题，家长和孩子因此而遭受的各种焦虑与痛苦，都能溯到根源并通过科学训练大脑得到解决和改善。正确训练大脑，使三脑更好地整合，就会提高孩子的读写、算数、思维认知能力和专注力等各种学习能力。

真心希望，每一个孩子都能得到善意的拥抱和友好的鼓励，每一个孩子都能在阳光下快乐地奔跑、自信地长大。

陈丽娜

2021年8月11日

目录

前言：大脑和孩子的学习能力 / 001

译者序：为什么有的孩子不管多努力，

成绩就是上不去？/ 001

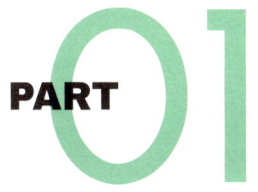

学习障碍

感官刺激与整合障碍

——认字慢、算数差只因爬得少 / 002

社会—经济障碍

——穷人的孩子面临更多学习障碍 / 003

情感障碍

——爱是大脑最好的营养 / 003

语言障碍

——我的小镇没交警 / 004

知识参照系障碍

——为什么要爬到石头上去？/ 004

学习方式障碍

——这个有点复杂 / 006

性别障碍

——男孩子、女孩子，我们的大脑

不一样 / 007

不良学习环境障碍

——要爱啊，不要暴力 / 008

智商？情商？体商！

究竟什么是学习？/ 009

智力是什么？/ 014

可以提高的智商 / 014

影响孩子专注力、记忆力的情商 / 015

影响学习能力，也影响情商和智商的

体商 / 016

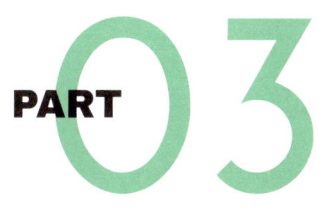

PART 03

生存大脑、情感大脑、思考大脑

三脑合一

生存大脑：没有生存上的安全感，就无法成功学习 / 024

没有安全感的孩子有哪些表现？/ 026

让孩子超越生存模式，成功学习 / 028

如何达到最佳的学习效果：重复、重复、再重复 / 030

情感大脑：情感发育不完全，孩子无法自主学习 / 031

情感发育不完全的典型表现 / 034

开发情感大脑，成人的帮助很重要 / 036

如何达到最佳的学习效果：重复、重复、再重复 / 037

思考大脑：最后一个发育的大脑 / 039

三个大脑都发育良好的孩子有哪些

表现？/ 041

如何获得最佳的学习效果：整合两

个大脑半球 / 042

小结 / 043

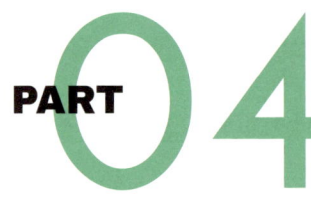

未整合的思考大脑

输入—感官系统 / 051

哪只眼睛占主导 / 053

你的孩子首选耳朵是左耳还是右耳 / 055

你的孩子首选手是左手还是右手 / 057

首选学习模式：视觉偏好、听觉偏好、

动觉偏好 / 058

通过感官系统输入信息小结 / 059

大脑作为处理器…… / 062

前后脑 / 063

上下脑 / 064

左右脑 / 065

三脑加工信息过程小结 / 066

输出—运动系统 / 066

怎样确定主导手 / 067

怎样确定主导脚 / 068

运动系统输出信息小结 / 070

精确定位孩子的学习障碍 / 071

小结 / 074

神经系统和孩子的习得过程

神经系统的发育 / 077

神经反射系统 / 078

小结 / 136

关于体商的常见问题 /137

训练大脑，提高学习能力

挑选适合你的训练组合 / 142

开发躯干，提高孩子专注力 / 143

训练听觉，提高孩子理解和读写能力 / 146

训练语言，提高孩子认知技能 / 150

训练视觉，提高孩子读写能力 / 153

提高专注力的思维活动 / 156

专注力思维活动 / 158

写作和演讲训练 / 160

培训孩子阅读和拼写能力的训练 / 163

创造性解决问题和数学思维能力训练 / 166

提高记忆力和自信答题能力训练 / 169

参考书目 / 173

当行文中提到"老师"和"学习者"时,其实也暗含着"家长"和"孩子"。家长可以在家里使用本书中的练习训练孩子,同样老师也可以在课堂上使用这些练习训练学生。

前言

大脑和孩子的学习能力

我第一次见到梅洛迪·德杰格博士是她在一次国际会议上向现场的老师、讲师和政府顾问发表演讲。令我印象深刻的是她思路的清晰，充满幽默感和乐于提出一些关键问题给大家讨论。她的演讲内容通常有扎实的研究结果、有趣的逸事作为支持，换来的是现场听众的惊叹、回味和笑声。这本书里的内容也是如此。

在我看来，人类和机器也别无两样，就是一台由碳水化合物构成、由电化学信息处理器控制的机器。作为处理器的大脑，控制并决定着我们的存在 —— 过去做过什么，现在正在做什么，将来要去做什么。如果没有大脑，我们将无法处理感官接收到的信息，从而刺激产生相应的行为。

因此，我们有理由了解下面这些方方面面。当谈到人类的学习过程时，我们应该更清楚地认识到影响大脑处理信息质量的因素——影响心理、思维功能质量的因素。我们还应该更多地了解那些可能成为学习障碍的因素，即导致大脑不能成功加工信息的障碍，进一步而言产生恰当行为的障碍。这本书指出了一些我们都应该进行深入讨论的因素。

德杰格博士提出了一些有关我们学习能力的重要问题。其中她特别关注这个问题："在不显著增加学习负担的情况下，我们怎么样才能消除这些学习障碍？"她进一步又提出了社会经济、情感、语言、学习方式、性别、感官刺激和整合以及不适当的学习方式等诸多因素造成学习障碍等有关的问题。所有这些障碍都被认为是与人生的出发点背道而驰的："婴儿出生后的经历非常像一个人被绑架蒙上眼睛，然后被扔在月球上让其自生自灭。"——也就是说，婴儿只是"一种有可能成为人类的生命体"。

在接受学习是一个"获得并记住知识和技能的动态过程"这样的理念后，本书对学习过程进行了相应的讨论，包括智商、情商（与管理思维和情绪有关的情商）和体商。体商，或称身体智力，是指刺激和管理我们的神经系统的能力。本书对生存大脑、情感大脑和思考大脑[01]，也做了很好的解释和讨论，这些大脑与一些典型的行为都有关系，比如用哪些方法来支持学习过程，以及如何取得最好的学习效果。书中也包括了一个关于思考大脑障碍的讨论。

正如德杰格博士所言："当两个大脑半球不能协同工作时，大脑就更像是一辆由两匹马拉着的马车，两匹马分别朝着不同的方向跑——这样的话大脑会变得不一致，给学习造成了障碍。"

德杰格博士认为，学习和思考过程中的信息流动是一个非常复杂的过程，因此，学习者的学习风格不能简单地归为左脑主导或者右脑主导，尤其要考虑到大脑两个半球实际上是有不同功能和特点的。

在进一步讨论体商（它需要信息从身体各个感官向大脑各个部位有效流动，进而产生适当的行为）时，作者解释了为什么那么多孩子难以掌握学习技能。德杰格博士认为，在没有神经发育

01　译者注：这三个概念分别对应的英文是"survival brain""emotion brain""thinking brain"，是指大脑的单个功能区或者工作模式，这里为了简便也采用原文的命名方法。

治疗师辅助的情况下，如果教师、家长和孩子能够识别出表明神经系统不完善造成大脑信息流动被阻断的信号、迹象，那会是非常有帮助的。为此，书中有一个很好的有关神经反射的讨论，而神经反射通常构成了"学习后续技能的基本神经回路"，还有为了学习这些技能需要做哪些训练活动。

作者坚信，"在生存模式下，对学习者而言不是大脑整体起作用，而是大脑和身体各自的主导部分在起作用。"因此本书的最后一章介绍了"针对具体目标的思维活动，来刺激整个大脑、感官和四肢，以期在课堂上获得最好的学习效果"。

从这本书中我们可以学到很多东西。当然，也有一些部分会有争议，尤其是因为德杰格博士坚称："就像我们不会让一个断腿的人去爬山一样，你也不要指望这些学习者改变自己。"而且，正如前面所言，作者更倾向于提出一些重要的问题供读者讨论。她还认为，"教师倾向于以他们自己习惯的学习方式来教学"。但是，正如作者在本书中已经很清楚地说明，无论学习者是儿童还是成人，本书所推荐的方法不一定适用于每个人思维活动的方式。

这本书是一个合格的教师或治疗师的必读书，尤其适用于培训教师和治疗师，因为它提出的一些关键问题，对每个有兴趣学习的人来说都应该认真考虑并积极讨论。

阿伦·戴维斯

注册教育心理学家

英国心理学会副研究员

注：梅洛迪·德杰格博士和她的高级思维活动指导师团队会定期举办讲习班。可通过（+27）72 234 0528，邮件 institute@mindmoves.co.za 或者网址 www.mindmoves.co.za 与其联系。

译者序

为什么有的孩子不管多努力，
　　成绩就是上不去？

　　作为一个在教育领域工作了几十年的老师，一些有关教育的问题仍然让我感到非常困惑。我所在的大学是国内最好的大学之一，学生们基本都是品学兼优、多才多艺的好学生，是父母和老师眼里的骄傲。从他们身上，我看到了成功的学习者应该具有的一些突出品质：认真、自律、专注且有超凡的学习动力和毅力。有时候我也会想，这些优异的品质是从何而来？难道这些品质是与生俱来、从父母基因那里传承下来的？从与学生们的交往中，我得到的答案往往是否定的，因为很多孩子的父母就是社会上普普通通的劳动者，他们在学生时代在学业方面并不是很突出。我期望有机会能够澄清我内心的这些疑惑。

机缘巧合，正好今年春节期间受东方出版社委托翻译了这本书——《没有不聪明的大脑，只有不会训练的父母》。在翻译的过程中，梅洛迪·德杰格博士的一些理论和实践也深深地启发了我。目前，孩子教育问题是全社会都关注的热点问题。"鸡娃""内卷"……这些话题不但成为家长们的热门谈资，也频繁登上各种媒体，街谈巷议，继而反映在我们生活中的方方面面，家长们对孩子教育问题的关注甚至已经到了一种令其无比焦虑的地步。之前我自己也曾经教过一些学习不成功的学生，家长对孩子成绩始终上不去心急如焚，希望我这个所谓"名师"能解决孩子的英语学习问题。据我观察，其中一些孩子就是梅洛迪·德杰格博士在书中所提到的典型注意力无法专注的学生。因为无法长时间集中注意力，这些孩子被学校、老师或同学污名化，贴上"顽皮淘气""不守纪律""不爱学习"这样的标签，有时甚至上升到道德品质的高度。难道这些孩子天生就是这样吗？在作者看来，答案明显是否定的。

很多年来，梅洛迪·德杰格博士恰恰就一直在从事这方面的理论研究，并汇聚自己多年潜心研究的成果精华，撰写了这本书——《没有不聪明的大脑，只有不会训练的父母》。在我看来，该书不但具有扎实的理论基础，还把研究过程中总结的很多动手实践方法用清晰易懂的图示呈现出来，让家长和老师能够自己动手帮助孩子克服学习障碍，真正做到了从婴儿阶段就改善学习者的学习能力。尤其是书中介绍的方法，具有操作简便、简单易行的特点，不用教育专业人士，作为普通家长都可以从头开始，一步一步地帮助孩子从出生起改善神经发育，增强学习效果，从而使孩子成为一个成功的学习者，为其在学业上取得优异成绩奠定良好的基础。

2016 年我在美国科罗拉多大学访学的时候，有一次受邀参观当地的 Whittier 小学，教室里一些特殊的学生座椅深深地吸引了我。与中国教室里那些方方正正、木质铁质的椅子不同，这种椅子是彩色的、用皮革包裹海绵做成的蘑菇形椅子，顶部形成一个圆形平滑的凸起。我很好奇为什么教室里有这样的椅子？单纯是为了好看？我问校长 Sara，她告诉我这些椅子是专门为那些好动的男生准备的。椅子底下还有弹簧，这样可以有效地帮助好动的孩子缓冲爱动习惯，帮助他们上课集中精力听讲。

这件事深深地打动了我。父母是孩子的第一任老师，此言不虚。处于成长阶段的孩子，他们的一举一动、一言一行，都和家长有着密不可分的关系。作为家长能够在孩子很小的时候，注意到他们大脑神经发育的一些异常，从而在特定阶段有效地抑制某些神经反射、干预神经发育成长过程，就能做到在起跑线上帮助孩子扫清学习障碍，成功地开始人生漫长的学习过程。从这个角度看，作者的研究成果尤其宝贵。在孩子开始学习的初始阶段就打好基础，提高孩子的各项学习能力，这是我们作为家长力所能及也必须去做的事情。

这本书内容精练，兼具理论成果和实践操作，是中国家长们学习教育孩子必备的一本佳作，作为译者，我自己也受益匪浅。译本中有翻译不当之处，还请专家不吝赐教。

译者　王雷

2021 年于北大燕园

思维活动（Mind Moves™）仅用于教育目的，不用于任何疾病的诊断或治疗。因此，作者不承担任何对书中内容的不当解读的责任。在一个人正常的活动范围内，书中所有的思维活动都是安全的。为了开发技能和提高效果，应用范围可以逐步扩大。请注意，在开始任何运动项目之前，最好先咨询医生。

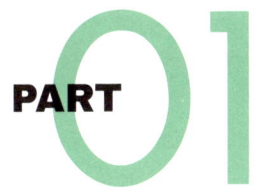

学习障碍

　　就学习而言，积极主动——同时保持高要求——是很多孩子、家长和老师每天都要面对的挑战。詹森（Jensen）认为，人类的生物本性就是谋求生存，而其唯一的竞争优势就是具有学习的能力。那么为什么有那么多的孩子学得异常艰难？原因就在于他们在学习过程中可能遇到了一些障碍。

学习障碍：给学习过程造成妨碍的任何事件。

感官刺激与整合障碍——认字慢、算数差只因爬得少

感官刺激与整合构成了所有思维和行动的基础，一旦缺乏就会给学习造成实质性的障碍。感官就像运送生活必需品的卡车，把产品运送到市镇（大脑）中去，而新产品（新信息）必须随时运送到市镇（大脑）中去，否则大脑就会停止发育并变得萎缩。

大多孩子天生就具有学习和超越自我的潜能，但是如果他们的感官、大脑和肌肉的潜能未得到开发，想充分、完全发挥这些潜能会很难，这是因为感官、大脑和肌肉需要经过刺激才能协同工作。

比如，星瓜那印第安人能在 500 米远的距离准确地打中一个目标，但他们却不会读书写字。换言之，尽管他们有超长距离的视力，但是缺乏近距离辨识物体的能力。这是因为他们自出生起的一年中，大部分时间都被母亲背着，没有机会学习爬行。

维拉斯（Veras）的研究表明，孩子一周岁之前学习爬行与理解并使用文字的能力之间有着很大的关系。科莫兰（Kermolan）

也证实了这一点，补充说没有爬行经历的学习者可能会缺乏诸如客体永久性和空间感知等认知技能。而如果缺乏通过爬行获得的感官—运动刺激，将来可能给识字能力和算数能力的培养造成障碍。

社会—经济障碍——穷人的孩子面临更多学习障碍

社会—经济原因可以给很多学习者造成学习障碍。因为生活条件困难，他们不得不忍受饥饿、劳累或者丧失进取心。也许是需要照顾兄弟姐妹，也许是要去打水或者背木材，这些事情经常让他们感到疲惫不堪，从而丧失了进取心。这是因为他们看不到数学方程、字母大小写和标点符号这些东西与其现实生活有什么关系，意识不到这些东西如何能帮助他们维持日常生计。

情感障碍——爱是大脑最好的营养

还有一些孩子，他们经济或物质上并不匮乏，但是缺乏来自父母或者抚养人的关爱。迈阿密大学的森伯格（Schanberg）和菲尔德（Field）的研究表明，爱和关怀对于大脑发育以及随后获得学习能力至关重要。他们发现刚出生的小白鼠一旦与母鼠分开就会停止生长，这是因为母亲的舔舐行为意味着安全感并让它们继续成长。一旦这种舔舐停止了，它们的大脑就会进入某种"存活模式"，喂养反应会暂停以保存能量。而如果让母鼠继续舔舐它们，喂养反应就会恢复，从而导致压力激素水平下降，小白鼠的生长速度成倍增加。

该研究显示，一旦缺乏成年母体的情感哺育，大脑的发育就会受到损害从而造成学习障碍。

语言障碍——我的小镇没交警

对于某些孩子，他们主要的学习障碍是不理解课堂上使用的教学用语，而其他孩子或许是缺乏学习必要的语汇。设想如果一个学习者身处的环境从来没有给其提供过接触某种经历的机会，从而获得与之相关的特定词汇，在课堂上尽管他能弄清楚教学的媒介是什么，但是根本听不懂老师在说什么。

让我们举这样一个例子，一个生长在没有柏油路、没有停车标志、没有交通信号灯的乡下小镇的孩子，因为镇里几乎没有什么车辆，因此也没有交警和交管部门，而如果让他写一段关于交警一天生活的文字对这个学习者而言就会是一个巨大的挑战。

一个既不懂也不会说课堂教学用语的孩子，期望他再用这种语汇读书写字，无异于虐待儿童。

知识参照系障碍——为什么要爬到石头上去？

通过体验生活、接触电视、书刊、互联网学习相关知识，孩子可以建立起自己的知识参照系。从这些知识来源中，孩子们了解各种生活方式、理解相关概念、获得经验体验、增加词汇量，从而拓展其知识面、扩大知识参照系。因此对学龄前儿童而言，带领他们玩主题游戏能很好地拓展其知识参照系。

一位工作充满热情的老师讲的这个故事，恰好说明了这种学习障碍的存在。她为一年级学生准备了一堂有关太空旅行的戏剧活动课，希望调动孩子们参与的积极性。她让大家都站起来，戴上头盔，穿上太空服，爬上火箭，准备出发探索太空。但没想到的是学生们明显缺乏热情，茫然困惑的眼神让她觉得哪里有点不对劲。于是她问学生们什么是火箭，得到的回答却是："褐色的、在地上就能找到的东西就是火箭。"原来学生知道的、听起来最像火箭的东西就是岩石[01]！想象一下，尽管循循善诱，但老师的这些引导其实在学生们头脑里造成了混乱。事实是学生们完全茫然不知所措，心里会问老师到底为什么要我们穿上滑稽的衣服、爬上岩石、系好安全带？"头盔""安全带"和"火箭"这些词对他们而言都很陌生，正是这些陌生的概念无意中造成了学习的障碍。

---

01 译者注：英语中"火箭（rocket）"和"岩石（rock）"听起来很像。

学习方式障碍——这个有点复杂

学习风格不同造成的障碍是最复杂的障碍之一,它像人的指纹一样独一无二且极具个性化。为了简单演示一下学习方式的差异,请看下图并选择每一行后面哪个格与第一个格的内容匹配。

图 1.1 确定学习风格的简单测试

如果你不喜欢文字而更喜欢图片,可能会将图片 2(眼睛)和图片 1(手)匹配。相反,如果你对文字更感兴趣,可能会认为第三个词(杯子)和第一个词(勺子)最合适。

学习方式由多种因素决定,例如:

左脑主导(逻辑性更强,循序渐进)和右脑主导(思路更开放、善于发现);视觉、听觉或动觉偏好(即是喜欢听、喜欢看,还是对温度、光线和声音等环境条件敏感);身体偏好(如一天中什么时候最清醒,什么时候懒散想吃零食);心理偏好(如喜欢独自工作还是参与团队合作)。

老师在备课时不可能把所有这些因素都考虑进去。因此,许多孩子不知不觉就会遇到学习障碍,这一点也不奇怪,因为孩子的需求没有得到满足。

性别障碍——男孩子、女孩子，我们的大脑不一样

目前的神经科学研究已经提供了强有力的证据，表明性别差异也会造成学习障碍。

男性大脑	女性大脑
注意力：男孩的胼胝体较小，能够有效分割信息，一次专注于一件事。	**注意力**：女孩的胼胝体较大，所以同时可以关注很多事。
视觉：男孩视觉比较远，擅长深度知觉和动手解决三维立体空间问题。	**语言**：女孩大脑语言区域更大，喜欢讨论和辩论。
行动：由于睾丸激素水平较高，男孩更喜欢运动，易吵闹，富于竞争性和攻击性。	**行动**：由于睾丸激素水平较低，女孩更愿意合作，表现得顺从，喜欢参与竞争较少的活动。
专注：5-羟色胺水平较低，更喜欢从事冒险行为，行为控制能力较差；多巴胺水平较低意味着需要更多的外部刺激和频繁的表扬。	**专注**：较高水平的5-羟色胺会导致更高的情感意识和较好的行为控制能力，而更高水平的多巴胺则意味着无需更多的刺激来维持学习动力。
最好学习：活动丰富、短小精干的课程，给男孩竞争和挑战的空间。	**最好学习**：需要长时间安静坐着，注重协同合作、非竞争性的课程，给女孩语言交流的空间。

图 1.2　按性别划分的学习偏好对比

胼胝体： 连接大脑左右半球的组织。

不良学习环境障碍——要爱啊，不要暴力

虽然缺乏恰当的刺激会导致大脑发育迟滞，造成学习障碍，但过多像暴力这样的不当刺激，也会造成同样的结果。

纽约卡内基公司的一份研究报告指出，如果想预防日后出现暴力行为，孩子在三周岁之前不应处于一个充斥暴力的环境。置身于暴力环境中的婴幼儿，为了保护自己不得不随时准备抗争或躲避，要适应这样的环境，他们的大脑势必要反复进行数万亿次的联结，直至建立起攻击性的神经回路。

学习障碍还有很多，包括身心残疾、营养不良、体质过敏、同龄人的压力、身份标签化、资源不足，等等。

然而，本章的目的并不是列出所有可能造成学习障碍的因素和条件。

那么问题来了：我们要怎样做才能在不显著增加学习负担的前提下，消除这些学习障碍？

PART 02

智商？情商？体商！

究竟什么是学习？

要从根本上给学习下一个确切的定义并非易事，而且"学习"这个概念很宽泛，可以有不同的解释。但是，如果我们想消除学习障碍，并最优化学习者的学习体验，就需要对学习下一个统一的、可操作的定义，明确其要达到的预期效果。

这让我想起一所小学里的两个领导力训练小组，他们组织了一次划船横渡瓦尔河的团建活动。学生们被分为两组，每个小组中，男孩和女孩的数量、运动型和不太爱运动的同学以及块头大和块头小的学生人数均相等。

两组必须在尽可能短的时间内划到河对岸，因此每组需要选一个队长，鼓励带领大家一起努力，最终达成目标。学生们开始划船时，由于心不齐每个人都在按自己的节奏划，水花四溅，几度遇险，船都差点翻了。这时两位队长很快制订了一个计划，让各自队员一起喊号唱歌，保持划桨的节奏。在所有其他条件相同的情况下，两条船本应该同时到达河对岸，但事实是其中一条船比另一条船快了10分钟。

是什么原因造成了这个差距？原来其中一个队长告诉其队员："目标是那个岛，用力划吧。"而另一个队长下达的指令却是："看见河对岸的那棵大树桩了吗？朝那儿划。"鼓励队员们向岛划的队长目标定得太宽泛导致力量分散，所以他们几乎只能是顺着河流漂到对岸。而让队员们瞄准树桩的队长缩

> 小了目标，使之具体化，因此他的队员们是朝着同一个具体目标一起使劲。结果不言而喻：目标（或定义）越具体，效果就越好。

为了了解更多关于学习的知识，我们借用上面的案例，即首先把目标定位于岛，然后再把目标缩小到树桩上。

学习的定义	关键概念
克里希那穆提（Krishnamurti）：学习是一个连续不间断的活动	动态进步
鲍普林（Poplin）：学习是一个过程，在这个过程中，学习者在现有的知识框架下建构新的意义	新的意义；现有的知识
哈尼（Honey）和穆福德（Mumford）：当一个人知道了某些以前不知道的东西或者做一些他以前不能做的事情时，这就是学习过程	获得知识（知道某事）和技能（做某事）
福尔斯坦（Feuerstein）、兰德（Rand）、霍夫曼（Hoffman）和米勒（Miller）：对大多数人来说，学习是指表现出比其实际行为高得多的思考能力和智力水平	能力高于行为

丁尼生（Dennison）：学习是构建记忆的能力；智力是对所记忆的内容能付诸行动的能力	构建记忆并付诸行动
布兰德福德（Brandsford）、布朗（Brown）和柯金（Cocking）：学习是批判性地进行思考、解决复杂问题、清晰且有说服力地表达观点的能力	批判性思维；解决问题；清晰表达

图 2.1 学习的定义

因此，学习可以被定义为一个动态过程。在这个过程中，通过批判性思维和创造性地解决问题，在特定的情境下获得并记住知识及技能，并在此过程中形成新的目标、产生新的行为。

> 詹森认为，当大脑学习的是为生存所必需的东西时——包括身体、情感、社交、认知和经济等方面的知识和技能，学习的效果最好。这意味着学习不仅是一种课堂上的技能，而且是一项生存技能，为了竭尽全力让自己能活下去，学习者能够自我改变并适应环境。
>
> 因为被升职为部门主管，约翰和妻子玛丽、儿子西蒙搬到了一个新的城市。
>
> 约翰知道自己到了一所新学校，认识了新的教职员工，面

对的是新的设备、新的工作流程，他正是靠着审时度势的能力让自己适应了新的环境。

玛丽不知道去哪儿买肉、买电、充手机话费，也不知道带狗去哪里洗澡剪毛，但因为拥有认真了解情况、通过清楚的表达来解决问题的能力，她能够适应新的居住环境。

他们的儿子西蒙在新学校刚刚上了三年级，通过仔细观察、对以前的行为方式做了调整以适应新环境，他表现出的适当反应能力为自己赢得了同伴的认可和尊重。

只有当约翰、玛丽和西蒙学会了如何适应新环境，才能在新的环境里快乐地生活。要是他们无法适应，则始终都会感到格格不入，反而希望回到从前的地方生活，同时积极性也可能受到打击，导致什么都做不好。

多年来，学习者的学习能力和学业成就一直被认为与智力有关。

> 问题不在于学习者有多聪明，而在于在哪些方面表现出其聪明才智。
>
> ——肖（Shaw）和 霍伊斯（Hawes）

智力是什么？

在 20 世纪，智力指的是天资聪颖、才智出众，可以通过纸笔考试或电脑考试来衡量。

可以提高的智商

传统意义上，学习者的智商测验得分代表了他思维和学习水平的高低，可以用于预测学习者未来的学习能力和学业表现。

霍华德·加德纳（Howard Gardner）另辟蹊径，将智力重新定义为在某种环境下有效解决问题的能力。他认为人的智力可以表现出多种形式，提出了多元智力理论——即智力并非一成不变而是具有多种模态，可以被不断开发。加德纳打破了僵化的智力认定模式，认为每个人都有某种潜在的智力，且经过发掘都可以表现发挥出来。

肖和霍伊斯的研究表明，英国 70% 的传统课程只提高学生两方面的智力，即语言和逻辑数学——两者的水平都可以通过智力测验来衡量。因此，语言和逻辑数学能力突出的学生一般都可以通过这种测验；相反在视觉空间、身体动觉、音乐听觉、人际关系和自我认知、自然智力等方面，表现出较高能力的学生却在学习中遇到了障碍。后者往往在上述这些特定的领域表现出色，却在传统课堂用语所定义的学习能力和表现方面不尽如人意。

因此，智商不是一个一成不变的数字，而只是一个学习者顺利完成智力水平测验的能力指标。令人欣慰的是，智商是可以提高的，就是说由于智商不高问题而导致的学习障碍是可以解决的。

近年来，人们的关注点也从智商在学习和学业成就中的重要性慢慢转向了情商。

智商：智力商数，用来表示智力。

影响孩子专注力、记忆力的情商

勒鲁克斯（Le Roux）和德克勒克（De Klerk）将情商定义为认识、理解并控制自己的想法和感受，能够与他人恰当沟通交流并表现出同理心的能力。情商包括情感和社交技能，也是学习过程中的关键因素。这些因素可以帮助孩子提高注意力和专心程度、增强记忆力和学习动力，巩固课堂所学的知识，是让智商得以充分开发的基础。

佩特（Pert）开创性的研究表明，情感本质上是人体内的一种化学反应，影响人的专注力、记忆力和学习动力。情感的变化会引起注意力转移和专注力变化，就像在课堂上，我们可以清楚地看到学校的铃声会打断学生热烈的讨论！

因此，<mark>情感就像胶水一样，可以把知识和技能黏合在记忆里供将来应用，学习者的情感状态决定了他会关注什么，心思在哪里，记住了什么。</mark>

由于情感是获得新知并将其传递给记忆的催化剂，因此，学习者如果遭受创伤、染上疾病或忍受饥饿，被抛弃、被拒绝、被视作愚笨、感受不到爱等都会产生强烈的孤独感，这是学习的严重障碍。值得庆幸的是，情商和智商一样，是可以开发的，就是说情感障碍也可以解决。

然而也有一些孩子，他们可能很快乐、很健康，并在充满爱的家庭中长大，但仍然无法正常学习。这种情况下学习的障碍可能不是智商或情商造成的，而是体商的问题！

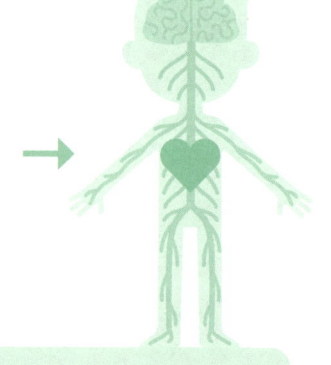

> 情商：情绪商数，指情绪智力。

影响学习能力，也影响情商和智商的体商

体商是指刺激并管理相关神经组织的能力，而学习过程和学

习效果需要这些神经组织的参与。简单且有效地进行学习需要感官系统、大脑和运动系统协调工作。

感官系统负责收集信息,大脑负责加工信息,而运动系统让人能够针对处理后的信息做出相应的反应。

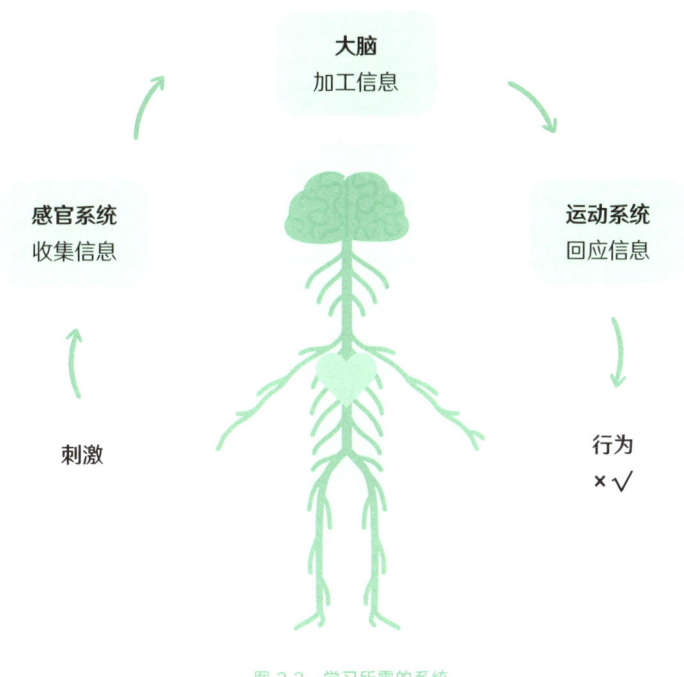

图 2.2　学习所需的系统

体商: 体能商数 = 身体智能

因此,在划船比赛过河的例子中,将目标定位在岛上的学习过程就说明(在特定的情境中)通过批判性思维可以创造性地解决问题,是一个获得并记住知识、技能的动态过程,其目的在于构建新的意义和产生新的行为。它需要信息从身体各个感官向大脑各个部位有效流动,进而产生适当的行为。

而将目标定位在树桩上的学习过程则体现了学习者的适应能力。

适应 = 管理身体各部位和协调动作的能力,确保信息从输入阶段起就能有效传送,最终产生适当的行为。

学习时信息传送过程中最不容易被察觉的障碍之一就是被打断。以下三个案例研究就说明了这一点:

> 塔博的父亲参加家长会,和你(老师)讨论他儿子这学期有没有进步。
>
> 你们都认同塔博是一个出色的运动员,交了很多朋友,但安静读一会儿书却很让他头疼!最奇怪的是一旦他弄清楚了概念,马上就会成为一个优秀学生。对他来说,首要的问题就是要让他对真正理解某个事物产生兴趣。
>
> 一些很聪明的学生,他们的感官在接收信息时会遇到障碍,塔博就是其中之一。==他可能善于通过听觉获取信息,这就是为什么他希望父亲通过问答的方式检查功课。而提出这样的要求恰恰说明他在接受视觉信息方面遇到了障碍,他的视觉功能无法保证==

随时都能读懂文字。但他爸爸却认为："塔博擅长运动，球技也很好，看起来视力没什么问题呀。"

塔博的视觉问题不是因为他看不见，而是看不懂所读到的文字。当看到的不是文字而是球之类的东西时，他马上能弄懂其中的含义，但看到文字就犯迷糊。

塔博学习时碰到的障碍会影响他在课堂上有效地学习，如果作为老师能意识到体商的重要性，在他父亲的帮助下就能纠正塔博的问题。

莱拉托根本无法安静地坐会儿，任何信息好像都是直接从她耳朵进、嘴巴出。不管你说过她多少次，在课堂上发言要先举手，她都会忍不住脱口而出。其他的同学对她也是很恼火，开始骂她，但她怎么也改不了，无法抑制自己总是抢着说话的冲动。

莱拉托像其他许许多多孩子一样渴望学习，但她发现交谈之前，在脑子里存储足够多的信息，然后经过一番思考后再选择合适的内容进行回答，对她而言是一个非常大的挑战。她大脑中加工信息的部分似乎"有缺陷"，因此总是会未经思考就嚷出答案。

玛丽也是一个令人郁闷的学生。她是个沉默寡言的女孩,用心听你说的每一句话。但是一到下课总结时,一旦你想通过随机点名提问的方式概括一下知识点,玛丽就会感到很紧张,避免跟你眼神接触。

你知道她很用心,而且看起来像海绵一样能把整堂课讲的内容都吸收了,但就是回答不了问题。你会感到无比挫败,因为她看起来是个很聪明的女孩,但一旦要她给出反馈或者回答问题的时候,却变得好像一无所知,让你很是沮丧。

玛丽可能在<u>学习的输出阶段信息流被中断了:她知道答案,但不知怎么回事,就是一个字都说不出来。</u>

这些案例研究清楚地显示了体商问题如何影响学习者的学习能力。它甚至可能影响智商——如果学习者不能展示所学所能,老师怎么才能对他进行评估?或者他怎么能在智力测验中获得高分?

体商的问题也会导致学习障碍,如产生自卑感和愚笨感、学习动力不足导致缺堂旷课,还有诸如故意掩饰学习问题等行为。

根据保罗·麦克莱恩(Paul Maclean)的"三脑合一理论",比较低的生理层面的问题(如体商)一样会影响大脑中两个较高层次的部分（智商和情商），因为其正常功能运行依赖于生理层面的信息输出。

接下来，就让我们简单地看一下"三脑合一理论"，以便说明体商在促进学习方面的重要性。

PART 03

生存大脑、情感大脑、思考大脑三脑合一

为了促进学习,应该打破所有可能的学习障碍。学习障碍常常表现为一脸茫然、不知所措。想想你在柜子里找订书机的时候,怎么找都找不到,结果眼睁睁地看着一个同事把它从你面前的架子上拿下来。

通过观察学习者的行为，保罗·麦克莱恩用大脑的"三脑合一理论"来研究探索大脑各个部分发育不足的证据，这个理论是一个很有用的工具。为了弄清楚并解释这些依据，麦克莱恩给大脑定义了三个不同的区域，即生存大脑、情感大脑和思考大脑。虽然这三个区域（或称大脑三个部分）相互影响，但生存大脑在行为上享有最高优先权。

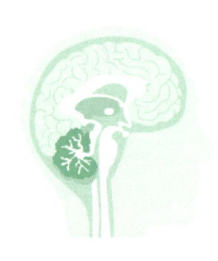

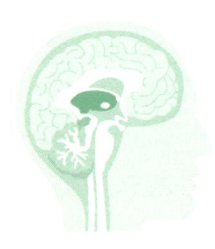

生存大脑　　　　　情感大脑　　　　　思考大脑

生存大脑：没有生存上的安全感，就无法成功学习

生存大脑由髓质、小脑和脑桥组成，代表人的原始本能，对刺激做出反应进而产生身体动作。通过这些生理反应，人的感官

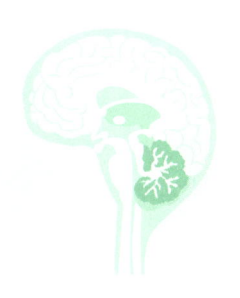

得以开发并能够感知危险，肌肉得以加强来保护人身安全。生存大脑的功能是形成神经回路、开发大脑达到学习的目的。

在学习者能够利用大脑更高的部位并从中受益之前，神经系统需要发育完善。

大脑第一层的功能很像一台机器，目的不是用来感觉或思考，而是保证个体生存，这就是第一层有时也被称为爬行动物大脑的原因。大脑这部分在做出反应前并不会进行理性思考或者顾及情绪，而是只能对所面临的情况做出一些本能反应，也就是所谓的标准反应，如打骂、威胁或闪躲。大脑中这部分可不负责高雅美好，但它对及时做出必要行动至关重要——无论是快速把手从热水壶上拿开，还是不假思索地灭掉火（身体生存），或是尽管可能没有意识到，但你仍需要为谋生日复一日地去上班工作（经济生存）。

生存大脑的目的是通过感官输入的信息来监控环境，然后通过反射性反应来应对任何威胁以确保个体生存。因此课堂上的这种典型行为模式侧重于通过自卫保证人身安全、通过获得足够的食物和安定的住所满足个体基本需求、产生占有领地行为、表现个人吸引力和生育繁衍行为。

> **有关大脑的情况**
>
> ----
>
> - 生存大脑也被称为爬行动物大脑。
> - 髓质：控制呼吸、消化和循环。
> - 小脑：控制平衡、姿势和肌肉协调。
> - 脑桥：包含小脑两侧的神经纤维，以及连接思考大脑和脊髓的感觉和运动神经网络。

没有安全感的孩子有哪些表现？

防御和攻击行为

这类行为的目的是远离有威胁的人和事物，具体表现为害怕、退缩或者活动减退，以及消极、懒散和注意力不集中这种"我不在乎"的态度，也称为注意力缺陷障碍（ADD）；抑或表现为暴力倾向、多动或者无法安静、无法注意力集中等不受控制的行为，也叫注意力缺陷多动障碍（ADHD）。

满足个体基本需求

由于这个大脑的目的是生存，一些学习者可能会表现出一种采用合法或非法的手段获取食物和住所的倾向，这时他们根本无心关注诸如世界历史或诗歌这类精神层面的东西。学习内容的相关性也至关重要，如果所学内容会影响其生存能力，学习者只能集中精力学习。

占有领地行为

这时学习者会非常在意保护属于自己的东西，小到自己的书桌，大到个人的思维方式，不允许任何人靠近或触碰他的身体或东西。对环境安全的需求也可能会导致拉帮结派，以阻遏其他与他们不一样的人。

表现个人吸引力

当学习者希望吸引同龄人的注意力，通过"耍酷"或紧跟时尚建立自己的形象和影响力范围时，就会出现这些行为表现——比如很在意自己的发式、穿着，甚至走路方式都带有彰显个性的意味。

生育繁衍行为

因为对生物来说，只有通过繁殖才能确保一个物种的存续，当荷尔蒙分泌旺盛时就会引发性行为，像调情、爱抚和性吸引这种典型的求偶行为，就变成了生存需要。

因此，读写能力差、记不住东西的学习者，通过手淫、性恐吓或性虐待，仍然可以在身体层面上获得满足感。

这些典型的行为模式提醒教师要注意这样一个事实：表现出

这些行为模式的孩子，他们大脑的一些层还没有发育完全。由于这些孩子，经常感到环境不安全，他们的体商、情商和智商可能会低于正常的水平。

这类孩子，不能从学习所需要的专注、逻辑分析、推理和创造性解决问题等这些技能中获益。

他们需要不同的方法来超越生存模式，成功地进行学习。如果没有生存上的安全感，他们就无法利用和开发大脑的其他层次，只会停留在他们目前的行为模式当中。

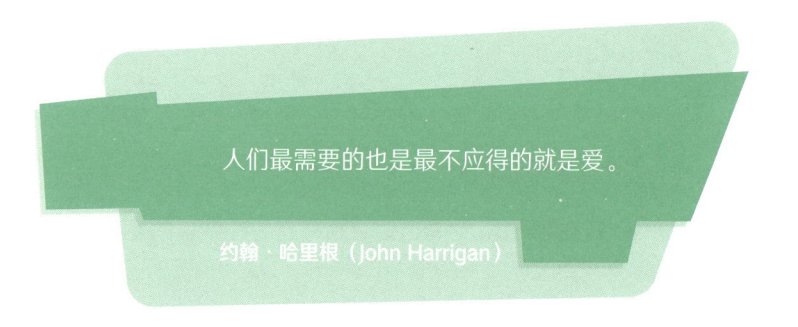

> 人们最需要的也是最不应得的就是爱。
>
> 约翰·哈里根（John Harrigan）

让孩子超越生存模式，成功学习

重要的是要知道，再多的喊叫、惩罚或限制都不能改变这种行为。就像我们不会让一个断腿的人去爬山一样，你也不要指望这些孩子改变自己。如果能改，他们自己就会改。

他们需要一个榜样来指导——我们自己要做一个积极的榜样，再帮助他们找一个同龄人的榜样。大脑发育不完全的孩子通过模仿学习效果最好，因此他们需要一个他们能够认同并愿意模仿的行为榜样。

满足基本需求

喂饱饥饿的肚子比丰富匮乏的头脑更重要，所以满足学习者的基本需求很重要——如果感到寒冷或饥饿，谁都无心学习。如果你是一个教师，在一个普遍存在营养不良和贫困现象的地区教书，就应该倡议当地连锁店、慈善机构或教会共同参与建立一个"儿童营养早餐"计划，每天清晨给学生准备一顿正式的早餐，有人关注他们进餐，且过程中不会受到霸凌和恐吓。

统一规范

穿上一套制服能增强归属感，鼓励学习者建立自尊并保持整洁、良好的自我形象。

引入日常规范和建立某些仪式

- 提供一个安全和可知的环境，让学习者有安全感，掌握学习的必要技能并体验成功的满足感。每一天都以同样的方式开始，一个祈祷，一段鼓舞人心的话，或者讲述一个超越自己处境或战胜残疾之类的故事（与他们相关的情况和与他们类似的人）。
- 一个特殊的问候或特别的握手——有自己风格的东西。
- 快速、简单、有条不紊地概述未来一天打算完成的任务。

- 提醒他们学校日常生活中的变化，因为变化会使环境变得不可预测，并可能使他们缺乏安全感，要详细说明：谁／什么，什么时候，为什么。
- 不要经常改变教室布局。
- 如果你不在，及时通知他们并告知谁来照看他们。
- 每天让他们以同样的方式上交作业。
- 明确告知你希望他们在课间休息或放学时如何离开课堂——比如，先整理一下，整齐地排好队，然后等待下课（或者对你有效的方式）。
- 回来上课也要遵循适合他们年龄的一定常规：坐在地毯上，玩"西蒙说"，唱一首歌，来段说唱，做一些增强体商的活动等。

占有领地行为

意思是保护好你自己的东西。每天为每个孩子指定特定的座位。请记住，并非所有的孩子都习惯拥有自己的东西（或出于贫穷或根本不在乎），所有权和责任对某些人来说可能是一个非常陌生的概念。所以要教他们照管好自己的物品，认可自己的努力。

如何达到最佳的学习效果：重复、重复、再重复

这些孩子通过重复、重复、再重复获得最好的效果……过大

的压力会压抑孩子的高阶思维技能,是要尽力去避免的。

从生存大脑的角度来看,具体的现实生活经验有助于学习,这是因为俗话说"眼见为实"。例如,当教他们卫生知识时,可以用一个碗盛上水、一些胡椒粉和洗涤剂。水代表身体,胡椒粉代表细菌和污垢,洗涤剂用于清洁。在水面上撒一层胡椒粉,然后滴一两滴洗涤剂到水中,让他们看胡椒粉如何被清洗干净。

实验可以反复重复,让他们自己去探索和发现,而不是一直坐着听。亲身参与有助于这些孩子建立视觉、听觉和动觉联系,使他们融入学习过程。

向他们指出所学知识的实际应用,提高他们的生存意识。如果所学习的内容需要通过一定程度的联想才能与实际生活联系起来,可以进一步指出学习这些经验是在培养他们的思维能力,教会他们制订计划并记住所学内容。

当一个学习者被以生存为目的的大脑主导时,感官开发和肌肉控制都必须有身体刺激(动作)。只有在完全控制自己的身体之后,学习者才能控制自己的行为,并专注于培养人际关系(情感大脑)和抽象认知思维(思考大脑)的能力。

情感大脑:情感发育不完全,孩子无法自主学习

第二层被称为情感大脑,形状很像嵌在爬行动物大脑上的耳机。其发育的关键期在 14 个月到 4 岁之间。情感大脑也称边缘

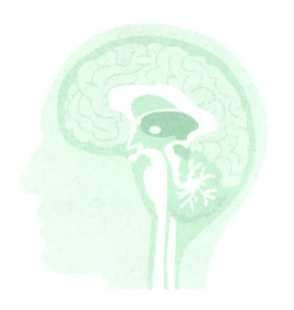

系统，由杏仁核、海马体、丘脑、下丘脑和基底神经节几个相关区域组成。

就感官发育而言，学习者不是一出生就有完全发育的情感大脑。情感是通过社会经验、人际交流和情感表达发展起来的，所形成的情感纽带是日后人际关系和交流互动的基础。

由于父母或抚养人的缺席或虐待，在情感上被忽视的孩子的情感大脑往往不能充分发育。情感像胶水一样，可以把获得的信息黏合在人的记忆中（首先是短期记忆，如果相关的话，则变成长期记忆），情感发育不完全会影响记忆，进而影响孩子记住所学内容的能力。

在培养学习动力中，情感大脑也会发挥作用。如果你把 e 从 emotion（情感）中去掉，就剩下运动了[01]。情感是启动、维持和引导行为的动力，情感发育不足往往会破坏孩子学习的内在动力，而恰恰是这种动力有助于激励孩子实现目标。否则他们要么失去

---

01 译者注：情感（emotion）一词去掉 e 会变成运动（motion）一词。

兴趣而放弃，要么需要依靠别人来推动他们前进。作为一名教师，如果你必须扮演这个角色，困难得可能会让你觉得像在教室里搬一块巨石！

最后，情感大脑参与判断是非，什么对你有价值有意义——那些你真正在意的东西。詹森认为，人的行为不是由逻辑决定，而是由人富有情感的经历决定。如果一个学习者逻辑上判断一件事是对的，但是与生活经验教给他的东西毫不相关，那么就会宁愿由他的生活经验而不是逻辑来指导其行为，这是因为人的行为通常受记忆中所储存的东西的影响，而受这些东西的限制。这就意味着人们在相信某件事并付诸行动之前，需要先从感觉上认为是对的。

有关大脑的情况

- 情感大脑也被称为边缘系统。
- 杏仁核：感觉和认知加工，协调身体反应以产生适当的行为。
- 海马体：海马体中的神经连接结构负责存储短期和长期记忆。
- 丘脑：在感官输入和运动输出之间起到中转站的作用，还能解释疼痛、温度、触觉，并对情感和记忆产生作用。
- 下丘脑：控制脑下垂体、食物摄入、口渴、生物钟、愤怒、疼痛和愉悦，是动机行为的核心部分。
- 基底神经节：控制精细运动和粗糙运动，协调思维，帮助规划未来行为。

情感发育不完全的典型表现

高度情绪化和自我中心的孩子

在课堂上很容易注意到有这种孩子。他们喜欢小题大做，容易流泪、愤怒、嫉妒、生闷气或抑郁，很难从别人的角度看问题，会固执地孤立自己，或者通过拉帮结派让别人支持他们的观点。

做白日梦行为

对于陷入情感大脑的孩子来说白日梦是一个很关键的活动。当发现一项任务太难、太无聊或他们不感兴趣时，他们往往想入非非，这些幻想会让其感觉自己更有把握，自信心得到增强。他们会后仰在椅子上，或者枕在胳膊上，眼望窗外，目视远方。

需要和依赖行为

表现出需要和依赖行为的孩子仿佛总是有话要私下对你说，需要你全神贯注倾听他们讲自己的事。这种人需要很多鼓励和认可，并且会不断地问自己是否做得对。他们需要别人的关注和特殊的关照才能正常学习，当你不在学校的时候会倍感失落。

混淆幻想与现实

因为没有使用大脑的理性部分,这些孩子很容易混淆幻想和现实。对他们来说感觉是对的就是对的,有时会说谎,然后为自己的行为找各种借口。为了让自己显得更重要、更特殊或者懂得多,他们会在课堂上编故事,并不会因为害怕被识破而退缩。就像小萨拉,父母离婚了,她有时真的很想念父亲,但却告诉学校里的每个人,她的父亲已经去世了(这解释了为什么父亲老不在)。她的目的可不是故意欺骗别人,而是想让自己好受些。

对于那些还不能完全为自己的行为负责的孩子来说,幻想也可以是一条逃避的途径。他们对一件事有自己的看法,总是想找一个替罪羊来承担责任。出问题要和他们对质时,如果你不相信他们说的话,他们就会觉得很受伤。

> 愤怒(anger)就比危险(danger)少一个字母。[01]

---

01 译者注:意即"冲动是魔鬼"。

开发情感大脑，成人的帮助很重要

记住，上述行为对于 2 到 5 岁的孩子来说都是正常的，但对于稍微年长一点的孩子来说，表现出这种行为意味着他需要别人的帮助，来开发其情感大脑。喊叫、嘲笑或惩罚都无济于事，因此应将这样的孩子交给咨询师、治疗师或指导老师，让他们通过以下方式来提供帮助：

以身作则，抱着同理心给孩子指引前进的道路。他需要知道有人在照顾他，以便感到安全并学习新的行为。

友善、严格、公平，这样才能给孩子创造一个有安全感的环境。当他们明确了解了界限（规则）后，就知道什么是可以接受的，什么是不能被接受的。边界就像牛群的围栏——尽管牛开始可能不愿意进入，但如果给予一些鼓励和引导，最终会按照要求做，之后就会平静地接受安排。

让孩子学会区分确实发生的事情和他以为/感觉发生的事情之间的不同，教他们寻找证据支持真理、追求正义。出了问题也不要让孩子陷入内疚和羞愧之中，让他们关注积极的方面，着眼于未来。

保持沟通渠道畅通，私下说的话也要尊重。当你注意到孩子在做白日梦时，就让他在课堂上做一些小事，比如分发书本或擦黑板。这些活动会打断他的做梦状态，提醒他要集中精力。轻拍孩子的肩膀或书也有助于提醒他不要分神。

教有需要的、依赖他人的孩子为自己设定简单的目标。例如，学会独立自主完成一项工作，不需要他人检查确认。完成后问问他们的感受，教他们相信自己的能力。

让他们知道学到了东西。通过自我评估、同伴互评、角色扮演或快速测验，教他们如何对照标准评估自己的知识水平。

一节课结束时安排一项活动，让孩子发现"他们确实学到东西了"，并且所学是真知。这样可以显著增强孩子的记忆和信心，帮助其开发情感大脑，自信也给他们未来的学习增加动力。

如何达到最佳的学习效果：重复、重复、再重复

这些孩子也可以通过重复、重复、再重复取得最好的学习效果，这是因为和生存大脑的神经结构一样，情感也是通过反复体验同样的情绪而发育起来的。重复可以建立自信，而伴随着自信的是大脑，或者说神经组织，去尝试新的做事和学习方法。自信仿佛是一座桥梁，把孩子带到大脑的下一个层次——思考大脑。

如果孩子的情感大脑仍需要一些开发，那么一个安全可靠的环境至关重要，这个环境在大部分时间都保持稳定，因此如果可以预知，孩子会感到非常安全。

他们喜欢充满热情、活动丰富的课程。例如，在教单词顺序时，不要在黑板上写，而是让学习速度较慢的学生每次朗读"他们的"单词时，手里拿着一张抽认卡，站在教室前面朗读。大脑

通过重复和/或强烈的体验才能有最好的记忆效果。如果能把这两种策略结合起来，成功率就会翻倍。课上活动多可能会减慢授课的进度，但质量会高得多，从而减少重复教学所花费的时间。

这些孩子受益于现实生活的经验和动手实践方法，因为如果有了切身体验，学习内容就会作为真知长久保存在他们的记忆中。他们不愿意事先知道所学习的内容会带来什么，反而更喜欢把实践经验融入到学习内容中。

自己发现答案会引起孩子强烈的情感反应，进而刺激情感大脑建立更多的联系，将面向行动的生存大脑与思考大脑联系起来。因此，孩子在行动之前就学会了思考和感受，通过防止冲动打破了一些学习障碍。

最后，这些孩子为了能够集中注意力，需要了解学习内容的相关性。我们要指出它对孩子有什么好处。比如，有一天它会帮助他们做出正确的商业决策吗？这个会不会提高他们的记忆力？能帮助他们明智地使用彩票奖金吗？

边缘系统和情感连接着生存大脑和思考大脑。它通过提升情感注意力，在生存大脑接受输入信息的能力、思考大脑形成和处理认知思维的能力以及生存大脑应用或实践知识并创造输出行为的能力之间起着桥梁的作用。这种情感注意力的提升决定了新信息是否有意义，它是否足够重要和具有相关性，需要转移到记忆中去。

思考大脑：最后一个发育的大脑

根据柏拉图的说法，"我们只能评判感官世界认识的事物，但可以真正认识用理性可以理解的事物"。大脑的第三个叠加层才是最常被称为大脑的部分。

思考的大脑是大脑最大的部分，占据了整个颅腔的上部。它是大脑最复杂的结构，分成两部分（或称两个半球），逻辑半球和格式塔半球，每个半球都有自己的特点和功能，从逻辑和批判性分析到创造性解决问题。

大脑的每个半球都由四个叶组成，参与建立大脑组织经验的基本模式。这四个叶是枕叶、颞叶、顶叶和额叶，四个叶都通过生存大脑和情感大脑接受来自身体另一侧的外部刺激和信息输入。然后，这种输入在脑部区域被整合、组织和重组，这样就能在过去经验的背景下理解新输入信息的意义。

如果你在商店里遇到一个以前的学生，可能会发生这种情况——你看到他的脸，听到他的声音，然后想，"哦，这就是那个活泼好动的学生！他叫什么名字来着？"

这里生存大脑和情感大脑并没有被思考大脑取代，而是功能得到了增强，充分发挥了生存大脑和情感大脑的功能。思考大脑是最后一个发育的，关键发育时间在 4 岁到 11 岁之间。思考大脑主要负责系统感知和解释，从而形成概念、抽象推理、创造力、智力和认知等能力。

这意味着可能在班上会有一些孩子体商较差不能读书写字，一些孩子情商较低不知道如何为人处世，而一些孩子智商欠佳，因为他们从来没有学会如何去学习！

缺乏学习所需的工具和技能对进入更高层次的思考大脑构成了不可逾越的障碍。

> " 失败次数翻倍，成功就指日可待。"
>
> ——汤姆·沃森

> **有关大脑的情况**
>
> - 思考大脑也被称为新皮质。
> - 顶叶：在没有视觉输入的情况下解释触觉、疼痛、压力、冷热和本体感觉的脑叶；它还与空间定向和味觉有关。
> - 枕叶：负责视觉的脑叶。
> - 颞叶：负责听觉、平衡和嗅觉的脑叶。
> - 额叶：负责调节运动、将思维转化为言语、控制行为、快速阅读、独自言语、批判性思维、解决问题的脑叶。

三个大脑都发育良好的孩子有哪些表现？

具有了强大的体商和情商之后，孩子的行为和态度往往变得理性、客观、更具灵活性，思维的逻辑性、系统性和创造性显著增强，同时会具有很强的同情心和责任感，对他们来说似乎再大的问题也不算问题。就是说即使没有达到预期的结果，他们也会把它当作一种挑战，从挫折中吸取教训，把失败变成机会，从不轻言放弃。

这种类型的孩子往往人格很独立、容易获得成功，当然前提是来自其感官的输入信息能从生存大脑开始通过情感大脑自由流动到思考大脑，然后又回到生存大脑激发行动，这样这些信息就最终得到了反馈和应用。这样的人心胸开阔、聪明睿智，知道重视别人的技能和能力，可以相互依赖、相互帮助、互通有无。

这样的孩子是所有老师都梦寐以求的——凡事提前做好计划，工作起来驾轻就熟，甚至能把"几天前"看到的内容都融会贯通来进一步充实工作。

> "成功百分之八十要靠努力。"
> ——伍迪·艾伦

如何获得最佳的学习效果：整合两个大脑半球

如果一个孩子的思考大脑发育得很好，他就既可以独立工作，开展独立的研究，也可以在一个可以互动的小组中工作，并在需要时寻求帮助。

这样的孩子乐于接受挑战，能习惯不同的教学方法，乐于接受变化，不喜欢例行公事和一味重复。

开放式、项目式的作业越多，这种孩子就越有积极性和热情，因为自己的解释和创造性解决问题的空间变大了。

他们非常喜欢抽象推理和观点辩论，因为这样才挥洒自如、乐在其中。大多数孩子通常会回避像公共演讲、数学和自然科学之类的科目，但对这类孩子来说，这些其他孩子避之唯恐不及的挑战反而会像火花一样点燃他们的心灵之火。

从思考大脑的角度来看，孩子们面临的主要学习障碍是没能很好地整合两个大脑的半球。这种情况下，两个大脑半球倾向于以同侧的方式工作，轮番打开或关闭。这种缺乏整合的现象给学习造成了普遍的障碍，需要单独写一章来详细阐述。

小结

保罗·麦克莱恩的理论认为，三个大脑中的任何一个都会影响另外两个，但生存大脑行为优先级始终最高。想象一下，你正在指导无板篮球训练，突然一个球杆断成了两截。思考大脑不但会很快计算出落杆的速度，而且知道如果反应不及会有多少人受伤。而情感大脑则会对这一情况感到无比惊讶，也许会对这糟糕的球杆质量感到很愤怒，但只有生存大脑会敦促你立刻采取行动，大声叫所有人让开。

了解这三种大脑的不同以及每种大脑的工作模式，可以让我们对课堂上存在学习障碍的学生有进一步的了解，而在过去，这些孩子很可能被淘汰掉。

三脑合一的大脑模型也提供了一个框架，让我们借此更好地了解生理（神经）发育不全会降低人的体商、情感大脑发育缺乏体验会降低情商以及当体商和情商都受损时个体的智商就会受到影响。

如果不开发各个大脑，它们就不能协调工作！

PART 04

未整合的思考大脑

一旦完全整合,思考大脑就构成了智能思维的基础,具备了这些品质——理性、客观、逻辑、同情心、系统性、灵活性、创造性和责任感。但是,由于思考大脑分成左右两个半球,而一个可能比另一个更强势,导致思考大脑未得到充分的整合,效率变低。

当两个半球合为一体协同工作时，两者的功能和特点是互补的，从而提高体商、情商和智商。当两个大脑半球不能协同工作时，大脑就更像是一辆由两匹马拉着的马车，两匹马分别朝着不同的方向跑——这样的话大脑会变得不一致，从而给学习造成了障碍。

诺贝尔奖得主罗杰·斯佩里（Roger Sperry）的研究证实了思考大脑在人类精神活动中的双重特质。他认为，大脑左半球具备语言和分析能力，右半球则侧重于视觉和空间思维。

因为这两个半球几乎参与了人所有的思维活动，围绕着将大脑功能划分为左右两个半球是否准确的相关争论一直得到广泛的关注。只有在讨论以下问题的时候，才可以只用左脑或只用右脑的活动来解释人的行为：

- 每个半球的参与程度
- 行为发生的具体时间

两个大脑半球必须一起协同工作才能充分发挥其功能，因此不能简单地称一个人受右脑支配还是受左脑支配。

问题不仅在于孤立地划分左脑和右脑的功能，还在于在描述思维和学习活动时，把信息处理阶段视为左脑支配或右脑支配，却忽略了信息输入和输出阶段。

大脑不能自己产生信息，要依靠感官提供信息。然后大脑会对这些信息进行处理并发送到运动系统来进行响应。

学习和思考时信息从输入到处理再到输出不断传送，是一个非常复杂的过程。具体包括用左右脑思考，同时通过管理/控制大脑半球，过滤所有的感官输入和运动输出信息。由于信息流的复杂性，学习者的学习风格不能简单地定义为受左脑或右脑支配。

想象一下，你和家人、朋友受邀赴宴，正享受一顿美味的晚餐。当主人把食物端到桌上时，肉、蔬菜和米饭放在一个碗里，做成一道有特别风味的异国美食，你会赞：真好吃！

等下一次你邀请客人来家时，也想试一试自己做这道菜招待他们。但因为当时不好意思，没有问这个菜的做法，于是你想通过回忆这道菜使用的食材弄清楚它的制作方法。但实际仅仅凭记得吃过一道外国菜来猜测它使用了哪些食材并非易事，而这就可能成为你想完美地烹饪出这道异国风味菜肴的障碍。

想做一道美食菜肴是一回事，而猜出做这道菜的细节和情况可能是另外一码事。同样的道理也适用于没有详细的、真实的信息输入就去盲目学习的人——其结果只能变得不可预测。

为了整合思考大脑，我们首先需要仔细观察左右脑半球的不同功能和特点。

左脑半球（逻辑）	右脑半球（格式塔）
用语言思考	用图形思考
线性处理	多维处理
擅长分析	擅长综合
序列性	同时性
收敛性	发散性
智力（口头表达）	感性（非口头表达）
客观性	主观性
理性	直觉
目标导向	经验导向
明显	隐含
事实	想象
结构化	空间性
一致性	灵活性
细节	整体

图 4.1　左右脑半球的功能

玛丽亚是一位左脑占主导地位的教师，习惯把文件管理得整洁有序。她工作时总喜欢计划周详，按时完成。她会有条不紊地提前计划，并把学校每一项工作明确记录下来，然后再将任务具体分派给负责相关工作的助手。

之后，她会坐下来回顾整个工作，并记下需要改进的地方。最后，她重新修订计划臻于完美，录入归档以备第二年使用，并把报告发送给相关人员并致信表达感谢。

格蕾丝是一位右脑占主导地位的教师，尽管桌子上的文件总是乱乱的，但非常善于把课堂气氛搞得很活跃。她喜欢把握当下，创造性地利用所有可用的资源来设计一堂课或者一个活动，让课堂变得生动有趣，课上的活动也绝不会简单重复。例行公事、周密计划和有条不紊这些可不是她的强项，反而觉得太令人乏味、让人窒息。她喜欢心血来潮和实践活动，创造性地解决问题，对设计课堂活动乐此不疲。

幸运的是，老师们并没有受左脑或右脑完全支配或主导，大多数老师都了解上述这些情况的某些具体方面。个体不会完全属于任意一种情况的原因是，左脑控制着身体的右侧，右脑控制着身体的左侧。

你可能想知道,如果你是右撇子,这是不是说你的左脑半球占主导地位?不,这仅仅意味着左脑及其特征控制着右手的交流方式。左撇子也是如此:右脑半球及其特征控制着他们的表达方式并与左边躯体进行交流。你的主导手并不能主导大脑的主导侧。

记住,学习过程中信息流从感官通过大脑再传送到运动系统,进而实现信息输出。在思维活动研究所(Mind Moves Institute),用一个功能模型——思维动态®简图说明这三个阶段分别通过大脑的信息流。

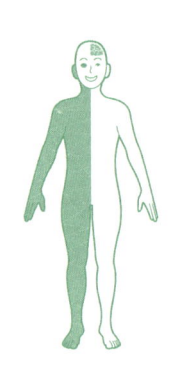

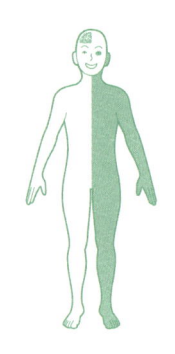

输入	处理	输出
感官系统	大脑	运动系统
眼 耳 手	接受/表达 认知/情感 逻辑/格式塔	手 脚

图 4.2 学习过程中的信息流 = 思维动态简图

为了理解信息流，首先我们需要分别考虑每个阶段，从输入阶段通过处理阶段再到输出阶段。

输入——感官系统

大脑接收来自感官系统的输入信息，而感官系统的信息来源有两个：身体内部（通过内部感官）和身体外部（通过外部感官）。

内部感官包括本体感觉系统（提供有关身体器官位置和它们如何相互运动的信息反馈）、前庭系统（感知自己身处的位置，与重力和环境有关），以及你的动觉能力（预测一个动作需要多少力量才能顺利完成）。

外界感官是能对外界刺激作出反应的感官，如触觉、嗅觉、味觉、听觉和视觉等感官。

在思考和学习活动中，一般而言内外感官都要参与其中，但在课堂上主要还是依靠耳朵、眼睛和手。这和左脑和右脑的情况一样，都需要耳朵、眼睛和手参与，但是每一种器官都只有一个起主导作用。要再次强调一下，这仅仅是一个参与时机和参与程度的问题。

让我们举个例子。西普坐在教室里写作业，他双眼圆睁一边看黑板一边写字，双耳竖起认真听课，双手一只拿着书一只写着字。但实际上他的一只眼睛看分数比另一只眼睛快，一只耳朵听分数比另一只耳朵快，一只手反应比另一只手快，这就导致一只眼睛、一只耳朵和一只手变得更发达或更占主导地位。

这种优势是生存大脑模式的一部分，能让西普不必先考虑用哪只眼睛、哪只耳朵、哪只手快速做出反应来完成一项任务。这就是为什么学习者如果没有一个确定的、占主导地位的眼睛、耳朵或者手，往往需要更长的时间才能开始工作，整体工作进度更慢，而且很难按时完成。

术语

- 整合：将各个器官组合在一起形成一个整体。
- 近感觉：在体内对各种情况作出反应的感觉，对生存至关重要。
- 主导地位：一方对另一方具有优势地位——一方进行引导，另一方紧随。

哪只眼睛占主导

• 让孩子向前伸展双臂，手掌朝前，手指并拢。

• 将拇指与其他手指分开，交叠双手（手掌仍朝前），在拇指和食指之间形成一个小孔。

• 睁开双眼，从孔里看向远处的特定物体。

• 闭上一只眼睛，问他是否还能看到物体。

• 睁开眼睛，闭上另一只眼睛，不要移动头或手臂，问他是否还能看到物体。

• 孩子会注意到，当一只眼睛睁开时，仍然可以看到物体，但当另一只眼睛睁开时，则看不到物体。功能性优势眼是指当另一只眼睛闭上时能看到物体的那只眼睛。

右眼

根据功能思维动态图，右眼受左脑半球控制，具有相同的特征。这个眼睛很善于学习，可以很长时间专注读书也不感到疲劳。它擅长准确拼写和阅读，具有批判性和分析性，很容易发现并纠正错误以保持高标准。它注重细节，能明察事实和数字，不容许草率敷衍的工作，并且始终如一地坚持原则。

右眼擅长抄写黑板上的字，写字时能做到横平竖直、规规矩矩，且能保持字的形态结构，但它不太会注意到诗歌、文学和其他需要深入理解的内容中的内涵意义。

左眼

根据功能思维动态图，左眼受右脑半球控制，并与之具有相同的特征。这是一个具有创造力、善于发现潜力的眼睛。它不喜欢文字而爱看摘要、图表、表格、思维导图之类的信息，如果长时间阅读文字，它很容易疲劳。

左眼擅长快速阅读并理解其内在含义，善于观看技术图纸和设计稿之类的三维图形。

左眼善于从宏观的角度看问题，能找到许多不同的方法，而这些方法可以达到相同的效果。因为它由具有创造力的右脑半球控制，所以也可能会导致结果不一致，从黑板上抄写的内容不准确，或在考试中因为阅读速度过快而没有完全理解问题。

左眼占主导地位的学习者会面临这样一个挑战，因为它是从右向左观察事物，而这又与大多数西方语言的阅读方向正好相反。所以当你用左眼通过手掌间的孔看东西时（通过孔聚焦物体），右眼会看你正注视的物体的左边。换言之，由于时机把握原因和主导左眼的参与，它会向右看，而当右眼也参与进来时，它会向左观察。这种特殊的追踪和观察方向有利于学习者阅读希伯来语或阿拉伯语，而阅读其他语言时则是一个很不利的因素。

这就是说，在阅读时左眼主导的学习者可能倾向于颠倒数字和字母，例如：

> b 看成 d　　　　was 看成 saw　　　　7 看成 4

由于左眼占主导地位的学习者阅读困难，他们可能会讨厌阅读——比如塔博在运动场上如鱼得水，但在课堂上却表现糟糕。

用右眼通过手掌间的孔看（通过孔聚焦物体），左眼会看你所关注的物体的右边。这意味着从左到右阅读时左眼帮助右眼。

这种支配地位引起的学习障碍可能会给学习带来困难，但由于大脑适应性很强，所以并不难解决。我们将在第 7 章中讨论应对这些挑战的方法。

你的孩子首选耳朵是左耳还是右耳

- 将手机放在学生面前。
- 让学生假装电话铃响并接听。
- 注意他用哪只耳朵听电话——这是他的主导耳朵。

右耳

根据功能思维动态图，右耳受左脑半球控制，并共享其特征。它善于倾听事实和细节信息，能准确地记住说话的内容。它也是一只具有分析能力的耳朵，能分辨逻辑，不喜欢含糊不清。它擅长听第一手信息，不喜欢重复，所以这只耳朵可不愿意听胡说八道。

这只耳朵使学生能遵循清晰的指令，不需要重复内容。它喜欢直来直去、不会听弦外之音——所以有时也会错过幽默和讽刺之类的细微差别。

如果老师让一个右耳主导的学生读《双城记》第20页，学生就会拿出书按照指示去做。

左耳

根据功能思维动态图，左耳受大脑右半球控制，与右半球具有相同的特征。这只耳朵很敏感，不会关注说话内容而会更关注说话的方式。如果对音调或音量感到不适，左耳就可能会"关闭"，所以学习者可能需要反复多听几次再按照指令行事。左耳也是一只"音乐耳朵"，能够听得懂"言外之意"，因此善于捕捉幽默，对批评也很敏感。

老师如果让一个左耳占主导的学生拿出《双城记》这本书并读第20页，学生可能只听到"记"这个词，然后就会想起书里写的那匹漂亮的、长着黑尾巴的马，骑起来有多潇洒。这时学生就会沉浸在白日梦中,忘记之前听到的所有指令。

当老师重复指令时,学生可能会听出老师声音中包含的愠怒,而且心里会奇怪为什么老师有这种愤怒的感觉。而这时,全班其他同学都已经翻到了第 20 页,而这位左耳占主导的学生甚至还没有把书拿出来。

这种行为很容易导致左耳占主导的学生被贴上"注意力缺陷障碍"或"缺乏学习动力"这样的标签,虽然他们确实很聪明,但在专注听力技能方面存在的问题会给其学习造成障碍,本书第 7 章会介绍解决这个问题的办法。

你的孩子首选手是左手还是右手

- 让学习者穿细孔针。
- 注意他用哪只手拿线——这就是其功能占主导地位的手。

大脑从感官系统接收信息的三种主要方式中,双手属于最后一种。使用手代表通过触觉学习。然而,作为感官系统一部分的左右手,对于其在使用体验上的差异,还没有做过很多的研究。其中一个可能的原因是,大多数课堂学习都侧重阅读(依赖视觉)或口头教学和讨论(依赖听觉)。

右手

根据功能思维动态图，右手受大脑左半球控制，当它通过触摸、实验和探索的方式进行学习时，会对其触摸对象的质地和体验进行分析，以确定其特征，其关注的重点是通过感觉来识别和命名。

左手

根据功能思维动态图，左手受大脑右半球控制，当它通过触摸、实验和探索进行学习时，可以直接获得学习体验，并关联上从记忆中提取的其他类似的体验，左手很强调从体验和感官中获得的实际感受。

首选学习模式：视觉偏好、听觉偏好、动觉偏好

根据格兰德（Grinder）的研究，学习者都做不到同等程度地通过这三种模式进行学习，学习者都有一种自己喜欢的感官体验模式。

格兰德提出了视觉偏好、听觉偏好和动觉偏好三种不同的模式，就是说有些学习者需要看才能学习，而有些学习者需要听才能学习，不需要眼神交流，还有一些学习者则需要触摸或感受才能学习。

确定首选的学习方式：

- 在学习者面前放一张正方形的纸。

- 给他一支铅笔，让他画一个大的无穷符号。
- 通过符号交叉点画一条水平线。
- 观察无穷符号的哪个部分更大一些：

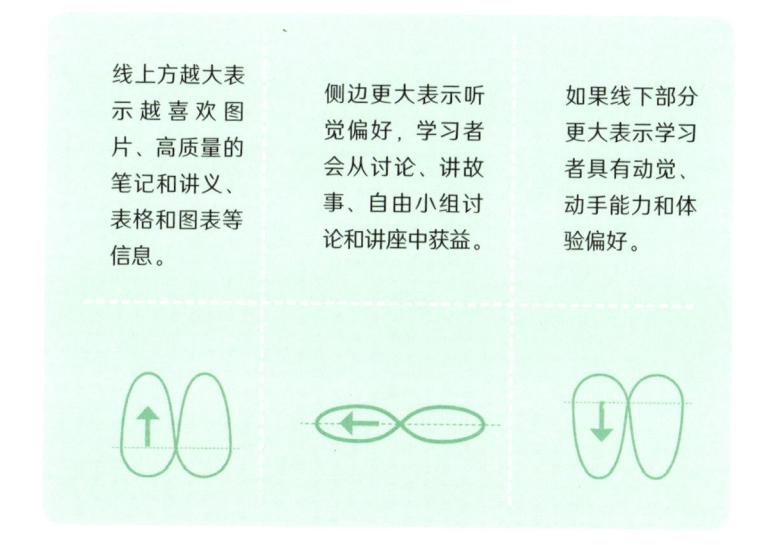

线上方越大表示越喜欢图片、高质量的笔记和讲义、表格和图表等信息。	侧边更大表示听觉偏好，学习者会从讨论、讲故事、自由小组讨论和讲座中获益。	如果线下部分更大表示学习者具有动觉、动手能力和体验偏好。

通过感官系统输入信息小结

大脑通过内部和外部感官系统接收输入信息。课堂上使用的主要是视觉、听觉和动觉三种感官，具体包括两只眼睛构成的视觉模式、两只耳朵构成的听觉模式和两只手构成的动觉模式。

每一种成对感官构成的模式都由相反的大脑半球控制,从而产生具有六种感官的学习者:

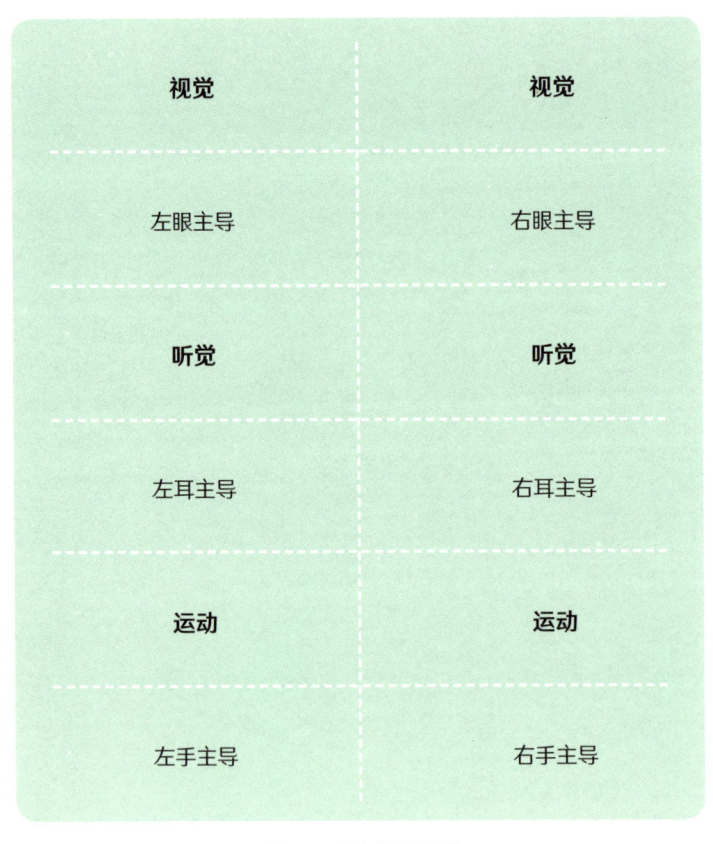

视觉	视觉
左眼主导	右眼主导
听觉	听觉
左耳主导	右耳主导
运动	运动
左手主导	右手主导

图 4.3　六种感官学习者

教师会以自身倾向的学习方式来教学。如果一个叫摩西的老师是在学习之前必须看一遍的视觉学习者，他可能会期望与学生进行眼神交流。如果学生没有看他，他就可能认为学生走神了，同时摩西对说话、噪声和动作的容忍度也很低。

如果摩西是一个需要通过交谈来学习的听觉学习者，就会希望学生都认真听讲，而且允许学生在课堂上讨论。他不愿意进行眼神交流，但课堂上可能会有很多噪声和动作干扰他。

如果摩西是一个需要动作和体验来学习的动觉学习者，会要求学生积极参与小组活动。在这个教室里，眼神交流不那么重要，噪声也不是问题，所以摩西可能会认为，那种想在参加活动之前思考一下、安静内向的人根本没有在学习。

正是因为老师会以自身喜欢的学习方式来教学，即便塞缪尔的数学成绩这么好，但在社会科学课上却感到举步维艰。塞缪尔和他的数学老师有着相同的学习模式——他们都是动觉学习者——彼此融洽促进，但社会科学老师更注重倾听，因此塞缪尔想理解她却很不容易，彼此很难相容。

作为原始数据接收的信息，需要经过处理才具有意义。还记得那道异域美食吗？食材首先要经过加工才能做成佳肴。

大脑作为处理器……

约翰逊（W Johnson）在一篇关于增强脑力的文章中说："学习并不就是有人把知识、信息灌进大脑那么简单。一个人如何接收和处理信息，伴随着身体、情感两方面的因素，加在一起才决定一个人到底能学到什么。"

处理信息的目的是将感官获得的原始数据进行转换，赋予其意义便于理解。一旦学习者能够有效地处理输入的原始数据，事实上学习过程就已经开始了。如果学习者不能有效处理感官获得的这些数据，学习就会遇到障碍。

大脑的各个部位都会处理数据。大脑实际是一个三维结构，既具有前后维度也具有上下维度。

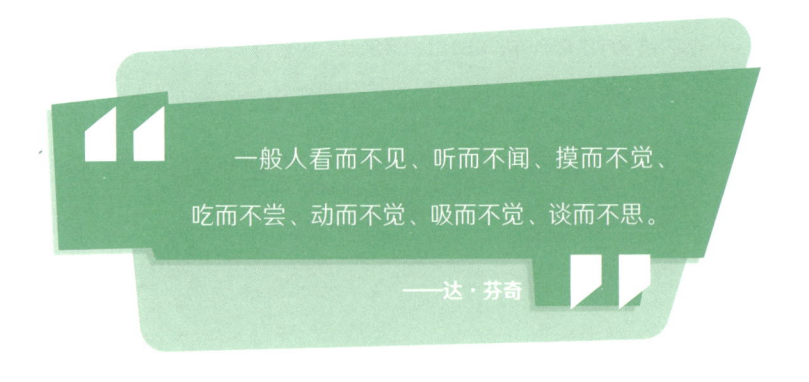

> 一般人看而不见、听而不闻、摸而不觉、吃而不尝、动而不觉、吸而不觉、谈而不思。
>
> ——达·芬奇

> **有关大脑的情况**
>
> ------
>
> - 三维大脑
> - 前部：表达
> - 后部：接收
> - 顶部：认知
> - 底部：情感
> - 左半球：逻辑
> - 右半球：格式塔

前后脑

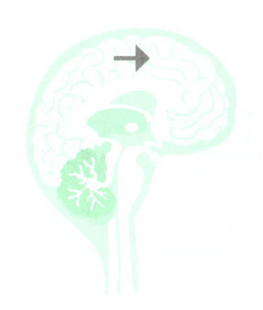

根据功能思维动态图，前后脑指的是由参与性中线分开、生存大脑的两个部分结合在一起的部位。参与式中线前面的区域是前脑，负责通过运动系统输出（表达性质的）行为和反应。后脑位于参与性中线后面的区域，负责接收感官输入的信息（接受性质的）。

在不结合的状态下，功能上学习者要么前脑占主导地位，要么后脑占主导地位。

确定前后脑哪个占主导地位

想象一下，学习者去参加隔壁学校的一个活动，但路上碰到点麻烦，结果最后一个到的。他会怎么做呢？立即与人打招呼、自我介绍、开始社交（前脑主导）？还是悄悄地找他的熟人并和他们聚在一块儿（后脑主导）？

上下脑

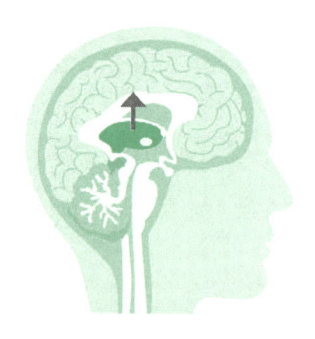

根据功能思维动态图，上下脑是指认知大脑（或称思考大脑）与情感大脑相整合的部分。经整合后上下脑的功能是在信息输入和输出之间形成一个短暂的停顿。而在停顿期间，思考大脑对信息进行理性评价，并由情感大脑进行情感验证，这一步对学习过程、记忆过程和提升学习动力会产生很大的影响。

在不整合的状态下，功能上学习者往往更倾向于受上下脑支配。

确定上下脑哪个占主导地位

如果问学习者是否经常有人告诉他："你不要再那么理性了，试试用心感受一下——你太不体贴人了！"（这是上脑占主导地位）或者："你不要老是感情用事，考虑改变一下自己——你太敏感了！"（这是下脑占主导地位）

左右脑

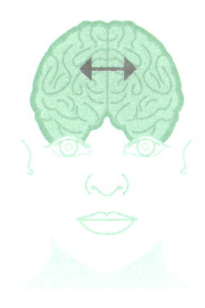

根据功能思维动态图，左右脑是指思考大脑整合的区域。这些区域的功能是关注全局（格式塔），同时记住逻辑细节信息。

如果没有得到整合，功能上学习者更倾向于左脑占主导地位或右脑占主导地位。

确定左右脑哪个占主导地位

参考对照图 4.1，确定大脑的哪一侧描述了你的行为，尤其当你感到有压力时。

三脑加工信息过程小结

学习者的大脑接受感官输入的原始信息，经过情感大脑过滤，确定他是否会对这些信息感兴趣，是否想集中注意力关注，是否有动力学习更多的知识。

在思考大脑模式中，学习者能在同一时间既考虑整体情况，也可以对照过去类似经历进行逻辑评估，在顾全了细节信息并学到必要的语汇后，将所学到的新知识赋予意义。新的知识会流回情感大脑，在此搜索一下记忆来确认是否知道这些信息，同时建立起学习的信心。

这时新的学习过程已经开始了，但是如果没有以动作或表达的形式通过运动系统加以应用，学习过程还不能算完整。

输出—运动系统

接收来自思考大脑的指令后，生存大脑的运动系统开始启动。比如，桑迪看到自然科学课教室的窗帘着火了，她会不假思索立即冲上前去灭火。这时她不会考虑先迈哪只脚，或者用哪只手提一桶水，她会本能地用占主导地位的手和脚做出反应。

怎样确定主导手

- 将电话放在学习者面前,假装电话正在响。
- 告诉他接电话。
- 主动伸出的手就是功能性主导手。

因为手和嘴在同一个神经回路上,学习者通过口头和文字进行交流的方式是由主导手决定的。当必须做像穿针引线、使用剪刀裁剪或者画工笔画这样比较复杂的事情时,学习者就会移动下巴和舌头来支持需要精细运动控制的手部动作,这时我们就可以观察到这种神经回路在起作用。

右手

根据功能思维动态图,由语言功能区主导、左脑半球控制的右手更倾向于控制精细运动,表现为书写时笔迹整洁、准确,写作时会注意句法、语义和其他细节。

一般而言,右手主导是一个比较宽泛的说法,代表着一种精确、务实的交流风格。进行艺术创作时，右手可能没有那么自由和大胆，所以会更擅长书写文字或者写作。

左手

根据功能思维动态图，左手由右脑半球控制。这是一只具有创造性和艺术性的手，喜欢大胆、自由挥洒的运动。它不喜欢受约束，喜欢没有横线约束的纸上自由书写。这种学习者的字往往比一般人要大，而且会随着其心情而起伏变化。

言语交际伴随有情感因素，其特点是会借助修辞手法，如果缺乏准确的词汇就会伴随着丰富的手势。

怎样确定主导脚

- 让学习者站在你面前背对你。
- 提醒他你要把他向前推。
- 用双手抵住他的背部，突然向前推他。
- 注意他哪只脚本能地向前移动。

脚代表了学习者喜欢向前移动的方式。

右脚

根据功能思维动态图，右脚由更倾向稳定和保守的左脑半球控制，喜欢在了解所有的情况以后再确定行动方案。这只脚倾向可以事先预演的、循序渐进的行动，不喜欢在最后一刻改变计划。它强调一切活动在于计划，并希望看到行动能够完全按照预计顺利进行。

当参加比如射击、跨栏、跳远或跳高等需要保持一致步幅的体育运动时，右脚会非常精确。

有时它可能会被过度控制，这就会妨碍需要自由发挥类的运动。

左脚

根据功能思维动态图，左脚受具有创造性和冲动性的右脑半球控制。它喜欢自由地做判断，反对直接命令或听到这样的

话："你必须怎么怎么样……"

这个具有创新性、自发性的脚喜欢触碰事物的边界。它相信想法是可以改变的，会致力于某个行动并一直努力坚持下去。但也经常会因受到打击而失去动力，因为它是由情感而不是由理性支配的。

左脚很擅长粗糙运动，但缺乏准确性。虽然可能有灵光一闪的时刻，但它的动作一般不连贯，会因为在跨栏时碰倒了大多数栏而让人感到非常沮丧。

运动系统输出信息小结

学习过程的最后阶段是通过运动系统进行有意义的输出，是注重准确性和敏锐性的感官系统协调大脑进行有效信息处理的结果。

信息采用行动和反应的方式输出，具体则通过手和脚来表达。

因为手既是感官系统又是运动系统的一部分，所以在整个学习过程中起着非常重要的作用。

一般主要通过学习者的表现来评价其学习能力。如果无法通过口头表达或书面文字的方式来展示学习到的知识，那么学习者的学习进展就不容易准确评估。

由于学习者在学习过程中的各个阶段都可能受压力或创伤困扰，整个过程都有可能会受到破坏、不够完善或暂时中止，要是只去评估学习者的表现，很难确定具体的学习障碍是什么。

精确定位孩子的学习障碍

为了弄清楚学习过程中信息传送可能遇到的障碍，可以将占主导地位的眼、耳、手、脚和大脑的三个部分结合在以下的思维动态图中。

假设你一边画图一边照镜子：图的左侧与大脑左半球相对应，右侧与大脑右半球相对应。

把你画好的图与下图中的简要说明进行比较。

信息自由流动	信息流动受到阻碍	混合型信息流动
占主导地位的大脑半球在一侧，占主导地位的眼、耳、手和脚在身体的另一侧。	主导大脑半球和所有感觉运动通道都在同一侧。	感觉运动系统的一部分与大脑的主导半球在同一侧，其余部分在另一侧。
信息的输入、处理和输出是兼容的，信息可以在感官、大脑和运动区域之间自由流动，不会对学习造成障碍。	逻辑大脑控制感觉输入和运动输出，而在创造性的右脑半球进行加工。大脑和感觉运动系统不相容会给学习造成障碍。	眼和脚之间的信息是自由流动的，并与主导半球兼容，而耳、脑和手之间可能由于不兼容而出现障碍。

图 4.4　思维动态图的简要说明

为了实现有效的信息流动，学习者需要通过生存大脑的后部接收感官信息数据，然后通过底部 / 情感大脑对其进行过滤，以确定他是否感兴趣和有动力学习更多的知识。然后需要把它移到最上面 / 思考大脑宏观去看，同时补充细节并激活必要的词汇，然后再转移到情感大脑去验证学习者确实知道了，最后转移到运动区（或生存大脑的前部）去应用和表达。

思考大脑看到宏观场景，评估逻辑，补充细节和词汇，并赋予它意义

通过情感大脑过滤来确定兴趣、注意力和学习动力

通过生存大脑收集感官数据

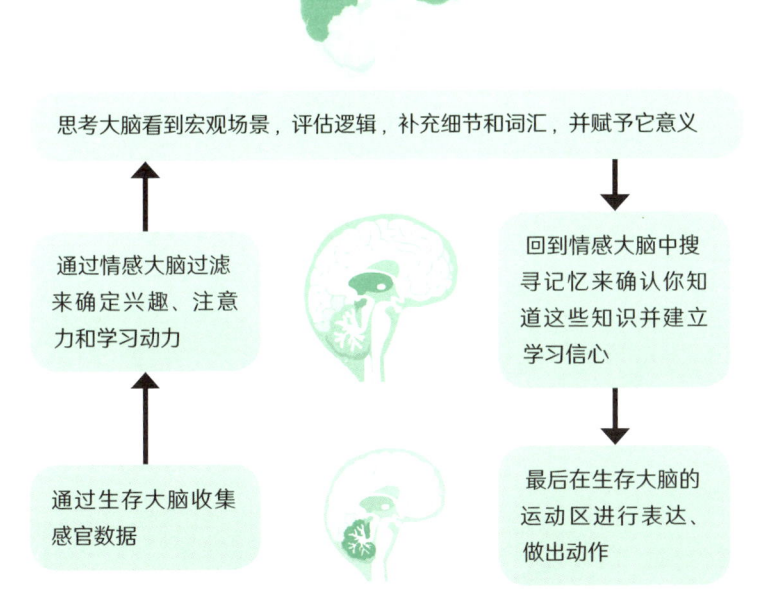

回到情感大脑中搜寻记忆来确认你知道这些知识并建立学习信心

最后在生存大脑的运动区进行表达、做出动作

图 4.5　学习过程中通过大脑传输的信息流

在输出阶段产生的信息的质量决定学习者将收到什么样的反馈：

小结

在第 1 章到第 4 章中,我们讨论了各种可能的学习障碍。在第 6 章和第 7 章中,我们将讨论当你关注神经系统的发育时,如何可以做到系统地消除这些障碍。

PART 05

神经系统和孩子的习得过程

体商把学习定义为一种适应能力,即为了适应信息需求,从感官接收信息开始,信息经过传送到大脑的不同部位,直到最后输出产生恰当的行为。

这个学习的定义听起来似乎很简单——然而,如果它这么简单,为什么还有那么多人要努力掌握学习的技巧呢?

研究生存大脑的专家认为，有某些迹象表明，生存大脑的神经系统发育不完善会直接导致神经系统发育和信息在大脑中流动时遇到障碍。如果忽视这些迹象，就无法克服学习困难。比如，一个11岁的女孩可能会对你发出近乎绝望的呼声："你为什么注意不到呢？我正在用行动告诉你我说不出口的话！"

神经科医师、职业治疗师和神经发育治疗师所从事的工作是神经发育研究最复杂的专业领域。然而，在没有现成的职业治疗师（SI）或神经发育治疗师的地区或案例中，需要孩子、教师和家长能够发现这些发育不良的迹象，并知道如何解释和处理这些问题。

我们这本书不是一本综合的科普手册，所以这一章的内容只是一个适合外行和妈妈们阅读的、比较宽泛的概述，是一个为发现预警信号（在缺乏专业帮助的情况下）而准备的快速参考指南，可以给读者提供必要的、有关的背景知识，以及介绍一下本书中其他部分提及的自助工具。

在思维活动研究所®，这些方法已经得到了改进，并发现这些方法在消除学习障碍、提高孩子学习能力的同时，对帮助神经

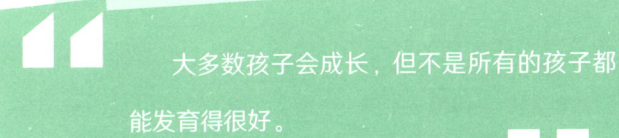

> 大多数孩子会成长，但不是所有的孩子都能发育得很好。

系统的发育完善一直效果显著。

神经系统的发育

婴儿出生后的经历非常像一个人被绑架蒙上眼睛，然后被扔在月球上让其自生自灭，你说谁不会感到无助和不知所措？

表面上看婴儿就像一个小型的成年人，所以人们常常认为婴儿出生后就是一个"人"了。但从某种意义上说，婴儿出生后只能算是一个"正在发育的人"——一个会长大成人的生命体。

举个例子，想想那个被狼养大的婴儿：虽然他长大后有了人类的特征，但行为一点都不像人类。发育过程是把一个婴儿变成成人的关键阶段。为了获得良好的发育，婴儿需要良好的条件，包括抚养人的精心呵护和自己有一个健康、强壮的身体。如果没有这些因素，发育成长中的孩子可能会和被困在月球上的人处于同样的境地——无助、不知所措。

成长发育是一个双向的过程，一方面需要比较理想的条件和关爱，另一方面是有一个能健康成长的身体。有了生长发育所必需的所有营养物质才能造就一个健康的身体——包括有营养的食物和健康的器官、骨骼、肌肉、感官、静脉、动脉以及神经系统。本质上说，神经系统是一个能把人体各个不同的器官系统连接在一起、确保个体存活的信息网络。

幸运的是，婴儿出生时就有一个能帮助其系统性成长和开发整个脑神经信息网络的蓝图，而不必依赖别人来规划他们的发育成长。这个蓝图由一系列旨在确保婴儿存活的反射系统组成。

神经反射系统

因为神经反射是培养像说话、画画、阅读、写作、玩耍、表演、集中注意力等所有出生后续技能的基本神经结构，所以反射系统的正常发育对于婴儿能否存活下来至关重要。在正常的发育过程中，神经反射会形成一个整体系统，每个反射在完成一项功能后就会被抑制，然后将信号传导给下一个反射。整个过程就像一场接力赛，每个运动员都全力以赴地奔跑，然后把接力棒传递给下一个运动员，完成这个任务以后再在跑道上放松。

大多数反射都有特定的生命周期，一旦完成了传导任务，它们就会稍作休息转而让思考大脑来控制身体。然而当一种反射不能正常发挥其功能时，它会仍然保持活跃状态，并发出一个预警信号表明神经系统出了问题。而保持活跃状态的神经反射常常就构成学习没有收效的障碍。

再说说接力比赛这件事,在把接力棒传给下一个运动员之前,每个队员都奋勇争先、竭尽全力,这样的队伍才会获胜。想想如果一个运动员摔倒了,接力棒掉了,或者两个运动员在传递接力棒时失手了,这个队将很难顺利地完成比赛。所以说只有整个系统运作正常,一个接力队才有获胜的可能。

顾名思义,神经反射系统发育具有很强的系统性,就是说在某个年龄段会出现特定的标志。这些标志,像婴儿颈部肌肉力量增强,或者学会了滚、坐、爬、走和说话等,都是很明确的信号,表明婴儿的神经系统发育得很好。而一旦这些标志信号未能按顺序出现,就表明神经发育出现了不良的迹象。

戈达德(Goddard)认为,在出现发育标志信号的过程中,受到任何干扰都会导致早期的反射信号在系统中仍然保持活跃状态,影响后来反射正常建立,这会导致之后所有进一步的神经系统发育都将建立在不牢固的基础之上。因此,正确的顺序对神经发育至关重要,因为神经系统得到良好发育是运动、知觉、情感和认知发育的重要先决条件。

如果神经反射发育顺序受到了干扰,身体会试图进行补偿,而这需要投入大量的关注、精力和努力。当孩子感到压力或疲倦时,就可能没有足够的精力来进行补偿,因而往往感到难以应付。在这种情况下,异常反射行为往往变得更加明显。

> **术语**
>
> - 反射：由生存大脑无意识引导的不自主的、自动、机械的动作。
> - 异常：不受抑制，仍处于活跃状态。

要想理解先前的反射信号为什么没有正常消失且变得异常，就有必要了解一下每个反射在活跃时所起的作用。

有四种类型的反射和一种类型的反应有助于神经系统发育：

1. 简单反射，即用于调节心跳、呼吸频率、体温等终生具有的反射。

2. 宫内反射，在胎儿出生前就出现并处于活跃状态，随后会停止。

3. 原始反射，在出生之前形成、有助于分娩过程顺利进行，在出生后六个月停止。

4. 桥接反射，在出生后出现，几周后停止。

5. 姿态反应，当宫内反射、原始反射和桥接反射消失后会终生存在，用以调整身体姿态。

在这些反射出现之后、消失之前的这段时间里，学习的神经发育蓝图慢慢展开。这个展开过程中会出现一些预警信号，提醒老师和家长关注仍然可能存在、表明某些神经发育不良的异常反射现象。

我们会简要讨论一下每一种反射,之后说一下表明仍然有反射处于活跃状态的预警信号,还有如何刺激、整合和抑制反射的具体步骤。

> 为了帮助学习者学习,阅读本节时只需读到描述学习者行为的三个预警信号之前就可以了。
> 停下来,做做与反射相关的思维训练活动,直到预警信号消失为止。
> 这可能要花一些时间。

1. 宫内反射

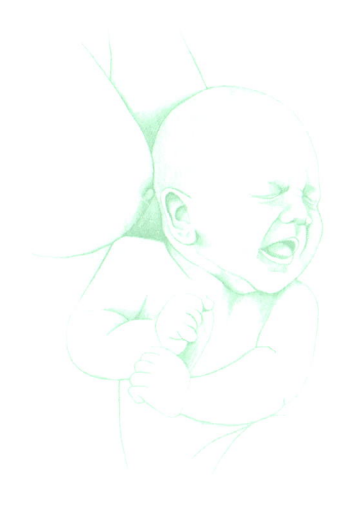

退缩反射

已知最早的反射是退缩反射，实际上是在受孕后 5 到 7 周出现的一组反射。退缩反射引起刺激出现本体感觉和触觉意识，因此第一个开始发育的感觉器官是皮肤。

一般认为第一个对压力或触觉敏感的部位是上嘴唇。嘴唇的敏感区域会一直扩展到手掌和脚底，最后整个身体表面对触摸都产生反应。在子宫内的 5 到 7 周，触摸（感官知觉）会导致本能的退缩反应（运动活动），从而建立起感官——运动系统的第一个模式，以确保婴儿能存活下来。

戈达德认为，作为学习的主要渠道，触觉先于听觉和视觉产生。触觉传感器遍布人的整个身体，即使头发的根部也有这种传感器。通过触摸和毛发在皮肤上的运动，神经脉冲从皮肤一直传导到脑的前庭系统，影响着平衡、空间定向和运动功能。

艾尔斯（Ayers）发现了两种类型的触觉反应，即保护性反应和辨别性反应。

保护性反应

保护性反应由像皮肤接触空气或声波这些轻微的刺激触发。皮弗（Pyfer）认为，实际上皮肤可以告诉我们身体的边缘位置、外部空间从哪里开始。

辨别性反应

辨别性反应由身体接触引起。保护性反应起到提醒的作用，所以如果一切正常，保护性反应就会消失。继而由辨别性反应来继续完成学习的任务。

反射现象	术语
出现：宫内 5—7 周 抑制：宫内 9—12 周	触觉：触摸的感觉

防御系统保护过度可能会引起身体的触觉防御机制，而不发达的防御系统可能导致触觉不敏感或进入休眠状态。具有上述任何一种情况的学习者都可能会产生退缩反射异常。如果接触被当成一种威胁，学习者要么对接触不产生反应，要么会立即退缩，而根本不会把触摸当成是安抚、关心和交流的方式。因此，触觉辨别能力低下，会妨碍动手实践、探索和动觉学习的能力。

情感表达、衣着打扮和肢体接触运动都可能会受到影响，会进一步造成学习者自我形象不佳和刻意回避社交活动，因为他们发现自己很难感觉到身体的边缘在哪里和体外空间从哪里开始。

预警信号

- 过度敏感
- 不喜欢被触摸
- 皮肤过敏反应
- 不喜欢接触运动
- 容易受伤
- 体温控制能力不佳
- 懒散不爱动
- 拥抱太用力
- 体感意识差
- 玩耍时动作粗暴
- 身体经常出现淤青却浑然不觉
- 被别人看成是校园一霸

享受开发体商的乐趣：

- 天线调节运动：从上到下同时用力按摩两个耳垂。

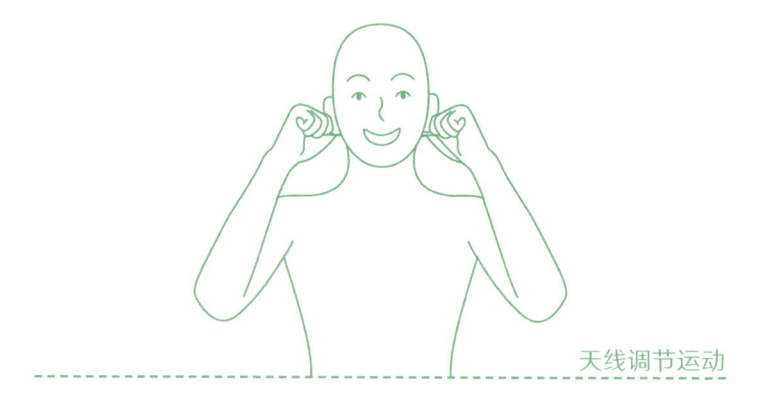

天线调节运动

- 心智按摩运动：从头到脚用力抚触整个身体来放松保护性反应，了解身体的边缘所在。握紧脚踝，脚站稳一直数到八。

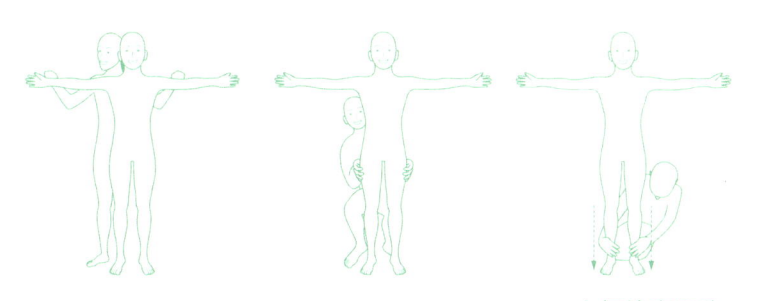

心智按摩运动

- 拥抱阳光运动：双臂张开，慢慢地深呼吸，然后合上双臂抱在胸前，保持慢慢深呼吸。鼓励孩子拥抱自己，同时鼓励家长也拥抱他。

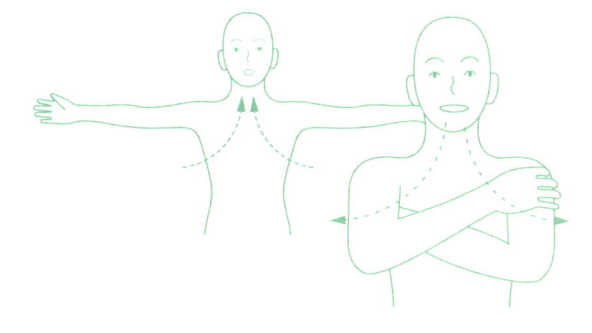

拥抱阳光运动

- 如果讨厌某些质地的面料，就换成柔软舒适的衣服和毯子。
- 进行缓慢、均匀的呼吸。
- 鼓励孩子多玩木马或摇椅。
- 尝试声音疗法。

2. 原始反射

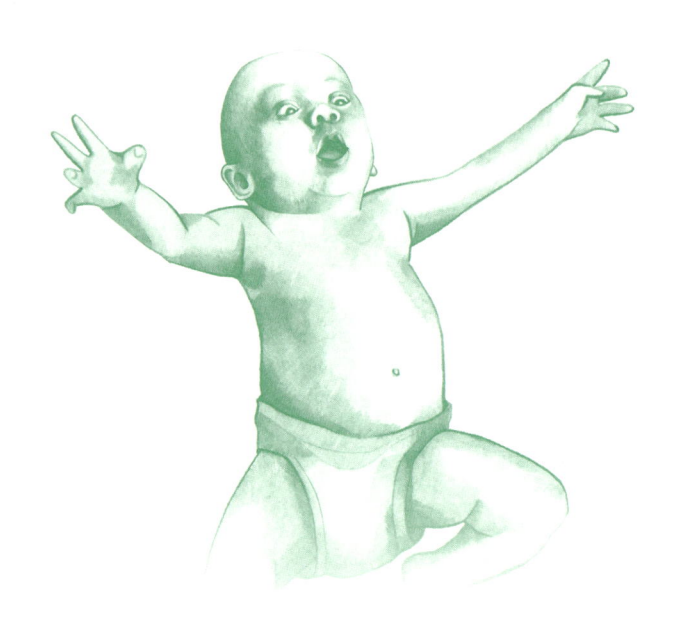

摩洛反射

摩洛反射出现在小脑和前庭系统发育过程中的关键阶段。这种反射构成了抓握反射群的一部分,包括完全张开胳膊和手并能保持这个姿势一段时间,然后逐渐放松,形成抓握或在胸前拥抱自己的姿势。

摩洛反射是一种非主动的生存机制,当婴儿不具备必需的神经结构来分析传入的原始数据信号,从而判断是否碰到了真正的威胁时,会对任何威胁都做出反应。就像狗在受到威胁时会吠叫和跳跃一样,这种反射起到提醒、唤起和召唤帮助的作用。

由摩洛反射引起的运动刺激帮助我们产生平衡感,这种感觉对人体所有机能都很重要。无论是在子宫内还是出生后,婴儿处于稳定的平衡状态就会自然产生方向感和定位感。它也是对地球重力做出的一种反应机制 —— 重力能让人知道自己的重心所在,感觉到自己在空间中的具体位置:上面或下面、左边或右边、前方或后方。

人体靠三个半规管在空间中感知位置,它们的作用就像木工的水平仪和上面一个滚动的雪球。

运动会改变平衡状态,激活"水平仪"来感知运动方向,指导所有内部感官(本体感觉、前庭系统和动觉系统)如何在运动中保持平衡。而"雪球滚动"则表明你在恢复平衡方面做得怎么样。当人体恢复平衡的时候,雪球就不会再滚动了,人就知道了自己所在的位置。

因为所有的原始数据信号都要经过前庭系统和小脑,然后再被传输到大脑其他部位进行分析和解释,所以平衡问题的影响其实远远不止于此。如果前庭系统获得的信息和从其他感官接收到的信息之间有差异,往往会造成运动疾病和书写阅读问题。

耳朵和前庭系统共用一些器官,会相互影响。当触发摩洛反射时,由于前庭系统的参与这种反射也会相应促进听觉器官的发育。

有关反射的情况	术语
• 出现：子宫内 9—12 周；出生时。 • 抑制：出生后 2—4 个月。	• 小脑：控制运动、姿态和平衡的区域。 • 前庭系统：身体相对于重力的位置的信息来源。

在接收到母语声音信号之前，听觉器官需要对其他声音信号产生敏感度。耳朵接收母语声波信号的机制和收音机的工作原理是一样的，需要经过调谐才能确保清晰地接收到信号。因此，想学习一种新的语言就需要调整一下收音设备，以便在孩子能够学习和使用该语言交流之前提高接收信号的能力。这证实了托马蒂斯（Tomatis）的说法，即人的口只能发出人的耳朵能听到的信号。

摩洛反射也有助于呼吸反射的发育，是婴儿出生时第一次呼吸行为的结果。

摩洛反射异常会让孩子始终处于恐惧之中或者想逃跑闪避的求生状态，这会导致个体在压力下会尽量屏住呼吸——比如在受惊时婴儿会张开双臂用力吸气，在呼气时才能放松下来。持续的焦虑状态会伴随肾上腺素和皮质醇分泌过量，而这两种物质虽然可以刺激产生运动，但是会抑制学习过程。这种类型的孩子倾向于从困难的环境中退缩，会显得不善于交际，无法表现出亲和力，可能具有攻击性或表现出蛮横态度，因为他们内心非常渴望有一个更可预知、更"安全"的环境。

预警信号

- 容易受惊
- 对强光、噪声、温度、疼痛和突然运动非常敏感
- 反抗或躲避反应
- 屏住呼吸
- 突然愤怒爆发或突然泪如泉涌
- 反应过度的倾向
- 运动病
- 平衡和协调能力差
- 容易过敏且容易生病
- 刺激受限(不能无视不相关的刺激)
- 听觉混乱(无法分辨声音)
- 非理性恐惧
- 慢性疲劳
- 集中注意力时间短
- 出现眼手协调问题
- 会感觉白纸和黑字之间的对比过于强烈,可能需要彩色镜片或彩色纸张。

一个摩洛反射异常的孩子会一直处于警觉状态，随时留意任何危险——无论是真实存在的还是主观感知到的危险。这种孩子会一直处于防范状态，表现出典型的生存大脑行为。他会全神贯注，尽量保持身体平衡，或者想掌握空间定位和运动管理的技能。

享受开发体商的乐趣：

- 经常拥抱。
- 开机运动：摩擦锁骨下方的凹痕，与左眼对齐，这样可以通过迷走神经重新建立言语器官和胃的电流脉冲信号联系，帮助放松情绪，轻松交谈。

开机运动

- 拥抱阳光运动：双臂张开，慢慢地深呼吸，然后合上双臂抱在胸前，保持慢慢深呼吸。鼓励孩子拥抱自己，同时鼓励家长也拥抱他。

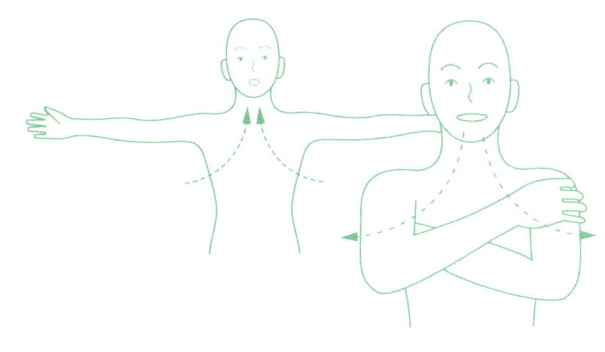

拥抱阳光运动

- 唇部训练运动：深吸气，同时噘起嘴唇，保持该姿势数到八。大声说"酷咿"，把嘴唇拉成一个大大的微笑姿势，延长"咿"声一直数到八，同时呼气。

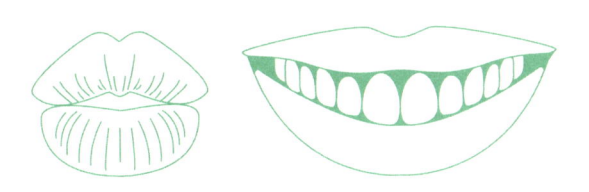

唇部训练运动

- 增强自信运动：双手双脚交叉，将舌头抵在上颚上保持吮吸的姿势，激活大脑中平复情绪的区域。慢慢呼吸，也可以闭上眼睛。

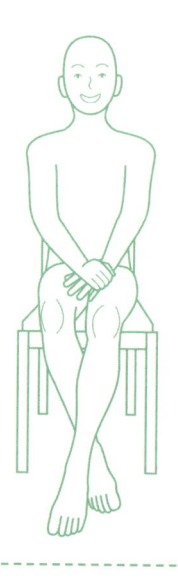

增强自信运动

- 晚上搂着泰迪熊或其他柔软的、抚慰人心的东西一起睡觉。
- 在课堂上尽量减少噪声，并鼓励在家做作业时也减少噪声。让孩子坐在教室的一侧（但不要靠近敞开的门）有助于减少分神。在家里，干净整洁的环境最适合做作业。
- 玩秋千、滑梯、转椅和跷跷板。
- 一次只给一个清晰的指令，并确保得到执行。
- 先用一只手从海绵中挤水，然后换另一只手。
- 吹灭蜡烛。
- 吹气球。

抑制这种反射可能需要花些时间，但绝对值得一试，因为它奠定了所有神经系统进一步发育的基础。

觅食和吮吸反射

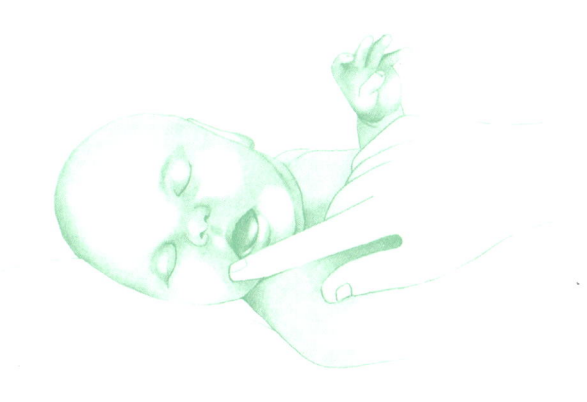

觅食和吮吸反射是帮助婴儿存活的原始反射，当婴儿从产道中向下移动时，由施加在头冠上的压力触发。

当觅食反射激活时，婴儿会把头转向刺激的方向并张开嘴，当触碰婴儿脸颊或嘴边时，舌头就会捕捉住乳头。奥登特（Odent）认为，觅食反射在婴儿出生后几个小时内达到最强，但是如果不受刺激可能会减弱，但不会被完全抑制。

当婴儿产生觅食动作时，舌头会在口腔中前后移动，刺激参与进食和交流的肌肉群。在婴儿吮吸时手也同时进行抓握动作，这进一步增强了手与口之间的交流循环，为培养说话和写字技能做准备。

一个觅食反射出现异常的学习者可能会体重超标，情感看起来不是很成熟，并且经常会把东西放进嘴里。这种学习者可能会被认为受情感大脑主导，从而影响将来的理性思考能力和学业表现。

> **有关反射的情况**
>
> - 出现：子宫内 15 周开始出现；出生时完全出现
> - 抑制：出生后 3—4 个月
> - 感觉系统：**本体感觉和触觉**
> - 运动系统：精细运动：口腔

预警信号

- 流口水
- 长时间吮吸拇指
- 嘴唇周围出现超敏反应
- 舌头沉/懒
- 对不同食材很敏感

- 吃相难看
- 暴饮暴食
- 语言发育迟缓
- 吐字不清
- 手部灵活性差
- 写字和做事很慢

享受开发体商的乐趣：

- 舌头训练运动：将舌头抬起到嘴上部，尽可能地向后拉；尽量伸出舌头，并从左向右移动。这样锻炼舌头可以刺激肌肉，培养说话、控制流涎和饮食干净的能力。

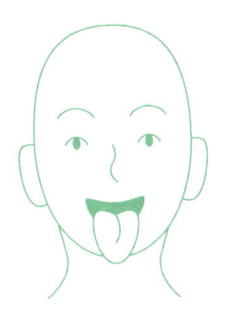

舌头训练运动

- 唇部训练运动：深吸气，同时噘起嘴唇，保持该姿势数到八。大声说"酷咿"，把嘴唇拉成一个大大的微笑姿势，延长"咿"声一直数到八，同时呼气。

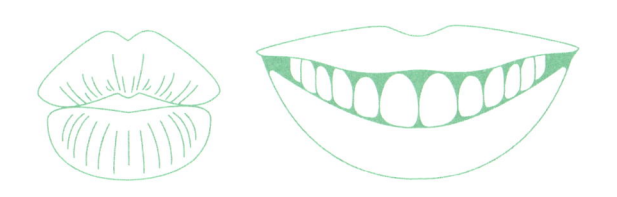

唇部训练运动

- 按摩唇部运动：在水平方向上同时按摩上嘴唇上方和下嘴唇下方的区域。对婴儿来说，这会触发吮吸反射，但是对于年龄稍大的孩子来说，这种运动可以促进感知技能和思维活动发育，同时降低冲动的表达、进食或吮吸的需要。

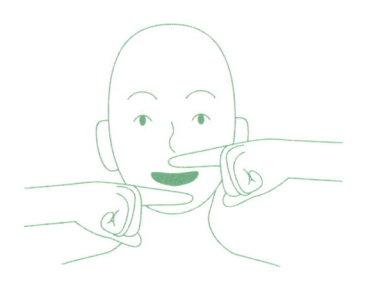

按摩唇部运动

- 开机运动：摩擦锁骨下方的凹痕，与左眼对齐，这样可以通过迷走神经重新建立言语器官和胃的电流脉冲信号联系，帮助放松情绪，轻松交谈。

开机运动

- 张大下颌运动：下颌尽量张大，直到感觉下颌关节刚好在臼齿上方，一直向上与耳朵对齐。从上到下轻轻按摩关节，该动作能缓解紧张情绪，促进肌肉的控制和表达。因为手和口都参与了这个动作，所以该运动可以促进口头和文字交流能力的培养。

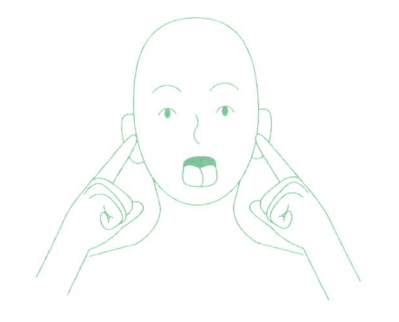

张大下颌运动

- 舔棒棒糖或冰淇淋时不要完全放进嘴里。
- 用细吸管或带有喷嘴的能量饮料瓶喝水或喝果汁。
- 想象自己吃了一些恶心的东西，假装吐出来。

迷路紧张反射（TLR）

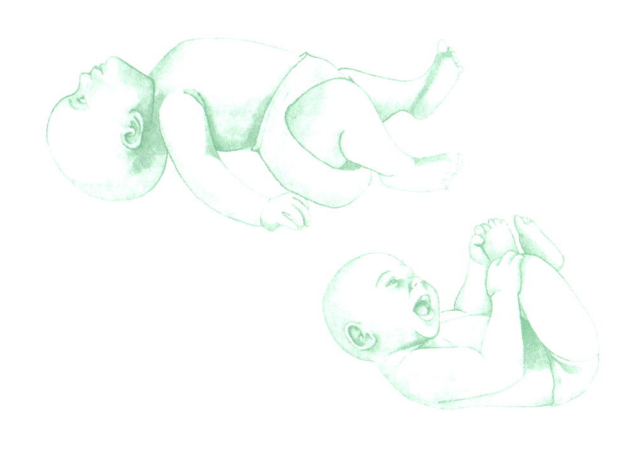

把头向前移动到脊柱水平上方和向后移动到脊柱水平下方（如上图所示），就可以激活迷路紧张反射。将头部移动到脊椎水平以上会自动弯曲躯干、手臂和腿部；将头部移动到脊椎水平以下会自动伸展躯干、手臂和腿部。

迷路紧张反射的主要功能是伸直身体，开发本体感觉、头部控制、平衡和肌肉张力等能力。本体感觉能让婴儿感觉到四肢所处的位置，有助于抵抗重力的牵引，提升平衡感和稳定性。

头部在每次移动时，身体都会做出相应反应，试图阻止坐着、爬行以及行走等动作，因此如果婴儿的迷路紧张反射有异常，就很难保持稳定的直立姿势，破坏平衡。

有关反射的情况

- 出现：子宫内第 12 周
- 抑制：出生后 4 个月
- 感觉系统：前庭系统和听觉
- 运动系统：颈部、躯干和四肢的弯曲和伸展

因为方向感取决于首先要知道自己在哪里，所以如果学习者的迷路紧张反射异常，就无法感觉到自己所处的位置，因而也不知道东西放在哪里。如果不知道自己在哪里，空间定位也会受到影响，会发现自己很难判断空间、距离、深度、速度——这样的话，过马路会变得很危险，骑自行车也会变得非常困难，而且眼—

手和眼—脚的协调也会出现问题。

因为抬起头部会导致伸展腿部，婴儿持续的迷路紧张反射活动会抑制爬行动作。当本体感觉系统、前庭系统和视觉系统开始协同工作时，爬行动作整合了感觉信息。因此，能爬行被认为是神经系统成熟的重要标志之一。

持续的迷路紧张反射活动会抑制儿童头部翻正反射[01]的发育。因为头部的稳定性和视力都是通过前庭—眼反射弧进行的，所以头部不稳定会直接导致视力受影响。

迷路紧张反射异常的学习者通常有不良的姿势，爱俯身弯腰，想坐直、站直都比较困难。在某些情况下，孩子会踮脚尖走路，专注力变差。

预警信号

- 平衡能力不佳
- 运动不协调
- 由于肌肉张力较弱，站立时会感到疲劳
- 身体会向前或向后弯曲，很难坐直
- 肌肉张力过大或过小导致的姿态问题
- 运动病

01　翻正反射，一般指动物体处于异常体位时所产生的恢复正常体位的反射。——编者注

- 前庭系统发育不良导致的恐高症
- 不愿攀爬楼梯
- 深度感知能力差，影响图形背景能力，给读书写字带来困难
- 需要不断抵抗地心引力从而产生疲劳感
- 不喜欢走动和体育运动
- 视觉感知能力差
- 空间定位经常出现问题
- 顺序和时间安排不当，导致规划和组织技能较差

享受体商开发的乐趣：

- 天线调节运动：用力从上到下同时按摩两个耳垂。

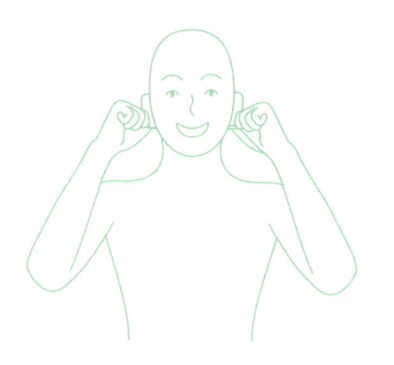

天线调节运动

- 拥抱阳光运动：双臂张开，慢慢地深呼吸，然后合上双臂抱在胸前，保持慢慢深呼吸。鼓励孩子拥抱自己，同时鼓励家长也拥抱他。

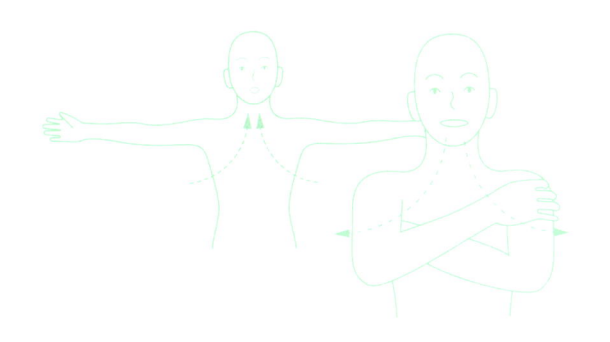

拥抱阳光运动

• 转颈运动：站直，把颈部和脊柱想象成一串珠子，然后假想把串的绳子拉到头上，直到珠子竖直垂成一条直线。慢慢地把头向左边转，保持这种伸展的姿势数到八。然后慢慢尽量向右转头，保持脊柱笔直，保持这种伸展姿势数到八。只能转动头部而臀部和肩膀尽量保持朝前。这个动作可以缓解颈部和肩部的紧张感，从而让眼球自由运动，提高听力能力。前庭刺激还可以改善视觉、听觉和动觉中线的交叉作用，以及改善姿态和保持平衡能力。

转颈运动

- 颈部屈肌运动：在整个练习过程中保持"串珠"姿势。将手掌放在额头上，用力压一直数到八，同时呼气吸气。将手交替放在脑后，然后放在头的左右两侧，先用一只手重复这个过程，然后换另一只手。这个动作可以加强和放松颈部和肩部肌肉，把头部运动与身体运动分开，从而抑制迷路紧张反射。它还能改善姿态、听力、保持平衡能力和肌肉张力。

颈部屈肌运动

- 扭躯运动：双腿分开与肩同宽站立，上身前倾，手臂下垂。膝盖弯曲。开始从右到左慢慢转，用身体和手臂做一个圆。停下来改变方向，从左到右旋转，形成一个尽可能大的圆。一开始坐着做这个练习可能更容易一些，如果平衡有问题，可以防止摔倒。这个运动可以刺激前庭、加强平衡能力、肌肉张力和空间定位。它还促进超越参与性和侧向躯干中线，促进恰当行为和任务完成能力。

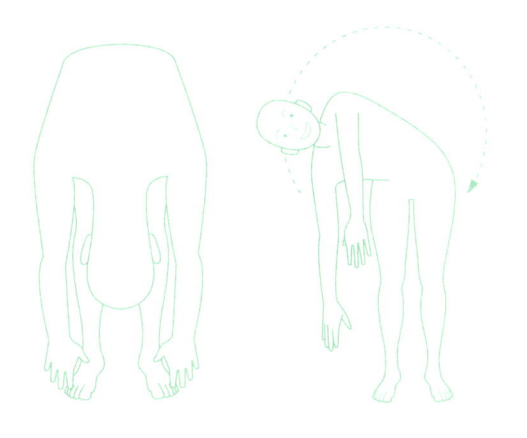

扭躯运动

- 给出明确、有序和详细的指导，提高空间和运动协调能力。
- 使用辅助工具和具体例子来培养解决问题和抽象思维能力，例如学会使用计数器来计数，用一块巧克力或一个橘子[01]来学习分数，把物品（例如娃娃、娃娃的衣服、鞋，玩具汽车、巴士、火车，塑料羊、牛、驴等）分类。
- 阅读时用手指或马克笔管理视线。如果眼神仍然不能专注在字词上，就用一个带有小窗的马克笔帮助聚焦视线。

01　一板巧克力都分成很多块，一个橘子也包含很多瓣，可以用来帮助孩子学习分数。

手掌反射

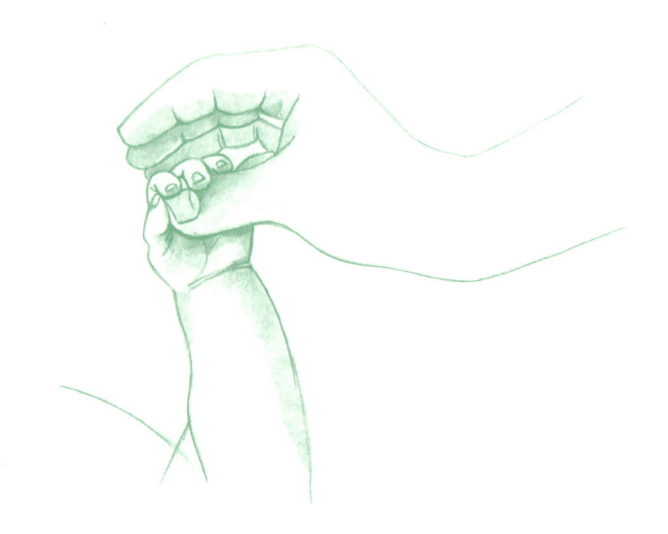

手掌反射是抓握反射群组的一部分,当轻轻触碰手掌手指握合时,就会触发该反射。手掌反射一般紧随摩洛反射和迷路紧张反射之后,用于双手握紧和放松,就像手臂在打开后要在胸部收拢一样。

起初,前三个手指紧握同时拇指保持不动——想想婴儿拿着一个瓶子(然后玩"放放"或"丢玩具"游戏)。当喂食婴儿时,双手与吮吸动作同步一起做"揉捏"动作时,抓握反射尤其明显。几周后,当反射被抑制后,拇指会和其他手指一起有目的地做抓握动作。

口和手对触摸都很敏感,是摸索和早期学习的重要工具。就像用一根看不见的绳子绑在一起,手和口一起协调工作可以加强感觉—运动神经回路。这个循环对于言语、吐字和交流是非常必要的。

就如拇指和食指一起握住铅笔这个动作一样,手掌反射也为后来控制精细运动建立了一种模式。

当孩子在穿针、使用剪刀或在横线上写字做出舔嘴唇或嘴部张合的动作时,就说明他已表现出明显的手掌反射异常。

有关反射的情况

- 出现:子宫内 11 周开始出现;出生时完全出现
- 抑制:出生后 2—3 个月
- 感官系统:**本体感觉和触觉**
- 运动系统:**精细运动:手掌和手指**

预警信号

- 分离焦虑
- 区分不同质地能力差
- 厌恶脏手
- 书写能力不佳或异常缓慢
- 握笔姿势不正确
- 手部肌肉张力低
- 精细运动时的嘴部会跟着动
- 言语困难
- 吐字不清

享受体商开发的乐趣：

双侧整合运动：像乐团指挥一样挥动双臂。

双侧整合运动

- 斗手指运动：用食指抵住拇指，保持用力压数到八，然后松开。交替手指。

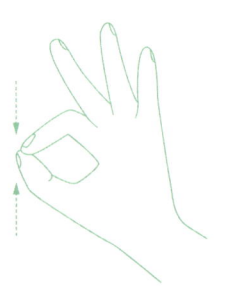

斗手指运动

- 手掌伸展运动：将手指尽量伸展开数到八，然后放松。握紧拳头，数到八，放松。

手掌伸展运动

- 手部按摩运动：通过对手部骨骼之间的肌肉施加压力，使手部从手腕到手指完全放松，用力按摩手部。从手指根部到指甲，向每个手指施加压力。将手掌完全张开保持 8 秒钟，然后换另一只手重复该动作。这个动作可以改善肌肉张力、本体感觉、握笔姿势、精细运动控制和言语能力。

- 用手握住勺子柄然后松开。
- 捡起玩具或积木，然后放在箱子里。
- 玩需要推拉到一起的叠叠乐积木。
- 泡泡纸。
- 取下彩色衣服钉并将其放入容器内之前，将其放在容器边缘周围。

- 用绳子把鳄鱼夹系在车内的头枕或书房的椅子旁（或任何其他地方），利用空闲时间，两只手交替使用手指开关夹子。
- 用绳子串彩色珠子。

不对称紧张性颈反射（ATNR）

当婴儿把头移到一边时，胳膊和腿会自动伸到一边，而另一只胳膊和腿则会弯曲。这个动作会刺激踢踹动作、肌肉张力、前庭系统和视觉感知，同时增强这些器官之间的神经联系。

根据戈达德的说法，婴儿根据母亲宫缩的节律从产道中"拧出"自己，通过不对称紧张性颈反射来协助分娩过程。在婴儿的头从产道里出来后，通常会左右转动，来协助完成这个"拧"的过程。同时分娩过程也会刺激不对称紧张性颈反射，这样剖宫产的婴儿相对自然分娩的婴儿就会面临一个风险：不对称紧张性颈反射异常。

当手臂沿着头的方向运动时，不对称紧张性颈反射建立了眼睛和手之间的神经联系，聚焦一手臂的长度为止。

由于子宫内的视觉刺激很有限，不对称紧张性颈反射是开启阅读之路的第一步。起初，眼球运动要带动全身运动——婴儿必须抬起头向上看，向两侧看躯干肌肉、手臂和腿部也要做出反应。

身体运动是视觉发育的先导。例如，一般来说需要近六年的时间，眼睛才能不需要借助身体或头部运动而自行转动，这时孩子不必转动头部就可以开始阅读。

当触发不对称紧张性颈反射且手指指向物体时，手的移动会吸引眼睛进行搜索。这种搜索会造成眼睛跟着转动——开始是朝不同的方向（斜视）——扫描环境以找到物体移动的来源。通过练习，两只眼睛共同合作一起聚焦于物体，向大脑发送清晰的图像。而两只眼睛不能协同工作会导致双重视觉，或者说是混乱的视觉，无法给大脑提供清晰的原始数据来处理。

这个阶段不能跨越眼睛中线，而同侧运动优先则为身体滚动和大脑半球特化这两个能力的发育奠定了基础。鼓励婴儿转头并向两个方向做出反应有助于刺激左右半球的发育。

不对称紧张性颈反射异常会很难学会爬行；婴儿可能觉得坐着滑动更容易。爬行是很重要的眼手协调运动，跨越中线、前庭系统与其他感官整合在一起才能给婴儿空间位置感。

不对称紧张性颈反射确定了眼部垂直中线位置，负责视觉发育，从眼睛左右扫描、视线跟踪，一直到在眼部中场位置找到物体并实现最后聚焦。这种反射行为促进视觉系统的发育成熟，使视线能够汇聚，从而向大脑发送清晰的图像。

清晰的图像为大脑提供了高质量的原始数据信号。反射异常会影响视线汇聚，从而聚焦到身体的一侧，并且无法越过眼部中线。因此，不对称紧张性颈反射异常会影响识字和算术能力。

有关反射的情况	术语
- 出现：子宫内 18 周；出生时发育完全 - 抑制：出生后 6 个月 - 感官系统：前庭系统和视觉 - 运动系统：粗糙运动：躯干和同侧运动；精细运动：眼睛	- 同侧：一次训练身体的一侧。

预警信号

- 同侧移动，即同手同脚——当被要求用右手触摸左膝、用左手触摸右膝时，左臂和左腿一起移动，右臂和右腿一起移动
- 笨拙、不协调

- 无法越过中线
- 难以确立主导地位
- 因中线问题而厌恶读书写字
- 将书本旋转 90°
- 写字时身体歪向一侧
- 书写困难（当头转向时，手也会跟随转向）
- 紧握铅笔以对抗反射
- 从左到右追踪时，眼睛在中场位置上下移动
- 在页面上写字时会向一侧倾斜
- 近视，眼睛聚焦在一臂的距离
- 观察对称图形时遇到视觉感知困难
- 转动头部不能独立于身体运动——如果头部转向侧面，身体也跟着转动。

享受开发体商的乐趣：

躯干训练运动：

- 第 1 步：仰卧。慢慢地移动左臂和左腿，好像两者绑在一起，转动头看左手。慢慢地移动右臂和右腿，好像两者绑在一起，转头看右手。此动作重复 10 次。

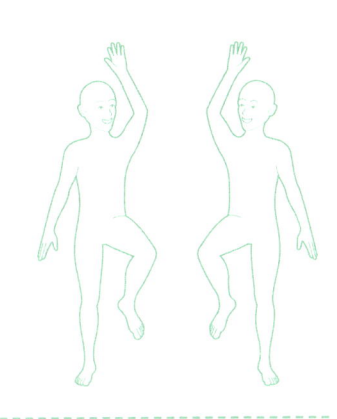

- 第 2 步：保持仰卧，慢慢地将头向伸臂和伸腿的相反方向移动。此动作重复 10 次。

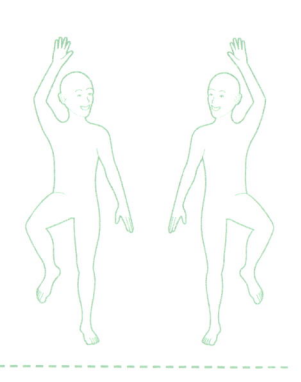

- 第 3 步：仍然保持仰卧，在左臂和右腿上系一条蓝丝带，在右臂和左腿上系一条红丝带。让系红丝带的胳膊和腿一起聚拢，同时伸展另一只胳膊和腿，头部保持不动。然后把系蓝丝带的胳膊和腿放在一起，头保持不动。此动作重复 10 次然后放松。

- 第 4 步：一旦第 1—3 步可以顺利完成，继续第 4 步。如果没有，每天重复上述步骤的前三步，直到可以轻松完成这些动作顺序。这可能需要花数周的时间，可能需要些帮助才能移动对应的手臂和腿。耐心地重复这一过程，为其他所有的动作打下坚实的基础。四肢着地爬行时，头部向左右移动。

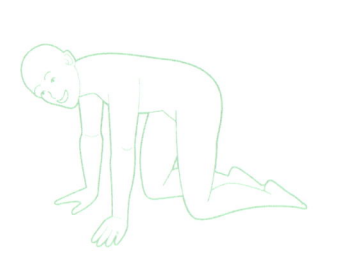

- 第 5 步：取下彩带并爬行，同时将对向的手臂和腿一起移动 10 次，不要移动头部。

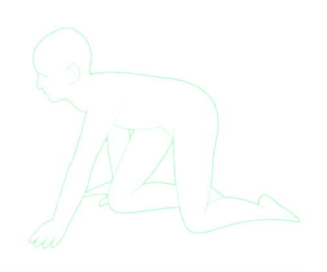

- 第 6 步：站立。同时将头部向左、向右、向上下转动，同时将另一侧的手臂和腿一起移动。

- 第 7 步：将对侧手臂和腿一起移动，同时用眼睛跟随做画无限大符号运动，但不要移动头部。

- 视觉训练运动：保持头部挺直。看一个拇指，与眼睛保持一个手肘的距离。把拇指向左移动（与鼻子保持水平），然后慢慢向右移动，穿过视觉中线。首先闭上眼睛，想象一下拇指的位置。睁开眼睛，检查眼睛和拇指是否在同一位置。重复五次。然后睁开眼睛重复五次。重复练习，眼睛向上翻到可视位置（不转头），先闭上眼睛，然后睁开眼睛。重复练习，眼睛向下转成动觉姿势，先闭后开。轻快地揉搓双手，将温暖的手掌放在眼睛上，让眼睛放松。

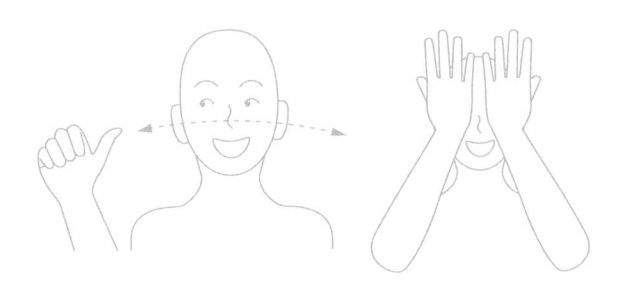

视觉训练运动

- 调节焦点运动：保持头部挺直，看一个拇指，与眼睛保持一个手肘的距离，然后慢慢将拇指放在鼻尖。把注意力集中在拇指上，移动一个手臂的长度。视线聚焦在手臂远端的拇指上，然后看一个更远的点，再回到拇指。把拇指放在鼻尖，视线仍然汇聚在拇指上。这个动作重复10次。揉搓双手，将温暖的手掌放在眼睛上，让眼睛放松。

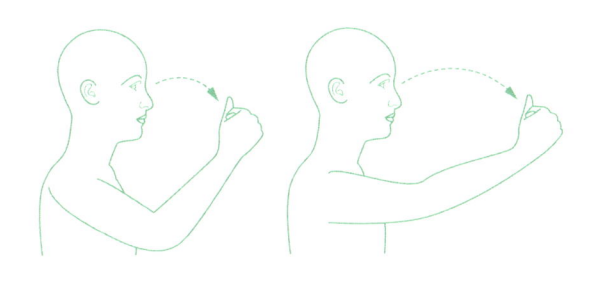

调节焦点运动

- 鼠标垫运动：眼睛对大脑的作用就和鼠标对电脑的作用一样。眼睛在向上、下、水平、左、右转动时会触及大脑不同的区域。看一个拇指，与眼睛保持一个手肘的距离。先围绕左眼向上移动拇指，然后围绕右眼。重复五次。换手重复同样的过程，总是先在左眼周围画一个圈，然后在右眼周围画一个圈。注意先绕左眼转会培养像中文或英文那种从左向右的阅读方式。学习希伯来语或阿拉伯语的人应先在右眼画圈，以培养从右向左的阅读方式。

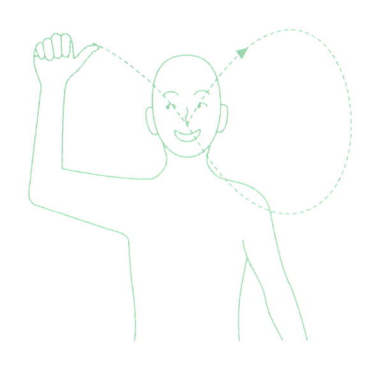

鼠标垫运动

- 同侧行走运动：躺下，然后抬起左臂和左膝。放松。抬起右臂和右腿。至少重复 10 次。一旦动作能顺利完成，就站起来做。注意：一定要保持同侧行走（下图）。

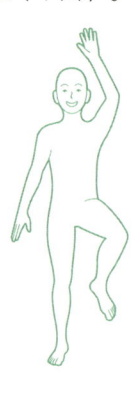

同侧行走运动

- 双侧行走运动：用右手触摸左膝，扭转躯干，使对向的肩膀和臀部相互靠近，伸展另一只胳膊和腿。现在用左手触摸右膝，伸展另一只胳膊和腿。这个动作通过越过侧边中线刺激左右一体化，最好先躺下，然后站起来做。至少重复 10 次。也可以在唱歌或学习需要死记硬背的时候做这个练习。

双侧行走运动

- 给孩子一个比较大的学习空间；如有可能，让他有自己的书桌，让其在遵循上述步骤抑制不对称紧张性颈反射的同时可以转动书本。
- 跳绳运动。
- 做复制图形的练习。
- 做图画的练习。
- 让孩子通过口头（而非文字）反馈来建立信心。可以通过主题讨论、确定要点、突出重点、回答问题之前建立思维导图作为引导框架的方法来培养写作技巧。不用写而是使用键盘直接键入答案，也会有帮助。

脊柱格兰特反射

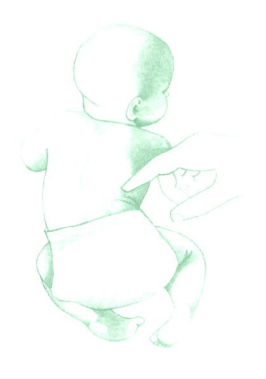

如果让婴儿俯卧在床上，刺激脊柱一侧的区域，婴儿会将臀部向刺激方向旋转 45°。出生时，两侧的脊柱格兰特反射应该同样强烈。脊柱格兰特反射与不对称紧张性颈反射共同作用，让婴儿从产道中顺利产出，并在出生后刺激髋关节屈曲和躯干旋转。

髋关节屈曲与学习控制头部从出生就开始并行发育，在婴儿仰卧用双腿不受阻碍地用力踢时最明显。腿不知疲倦地弯曲和伸直，以扩大他们的活动范围，直到获得足够的力量和控制力，能够更长时间保持腿部的动作。

没有躯干旋转的髋关节屈曲不能让婴儿做好滚动、坐下、爬行或行走的准备。躯干旋转发生在臀部和肩膀之间的躯干部分。因为能使婴儿改变姿势并越过躯干中线，所以躯干旋转对培养婴儿的活动能力至关重要。

脊柱格兰特反射异常与不宁腿综合征[01]和坐立不安有关，就好像腰带的弹性会不断触发反射一样。而这会妨碍孩子集中精力上课和记住学习的内容。

脊柱格兰特反射异常也与肠易激综合征、膀胱控制不良和5岁以上尿床有关。坐立不安会触发与刺激膀胱排空相关的反射。

有关反射的情况

- 出现：子宫内20周开始；出生时出现
- 抑制：出生后3—9个月

01　不宁腿综合征：即不安腿综合征，系指小腿深部于休息时出现难忍受的不适。——译者注

预警信号

- 腿部紧张
- 无法静坐
- 尿床
- 注意力不集中
- 短期记忆力差
- 姿势不佳
- 跛行
- 由于运动不平稳和行动不便,可能会讨厌运动。

享受开发体商的乐趣:

- 转躯运动:仰卧,双臂张开,膝盖抬高至臀部水平。慢慢地向左摆动膝盖直到左膝碰到地板,然后向右直到右膝碰到地板。肩膀和下背部应该贴在地板上。这个动作会增强躯干肌肉,同时将肩部动作和臀部动作分开,以促进端正坐姿、汇聚视线以及集中注意力。它也为横穿侧边中线奠定了基础。

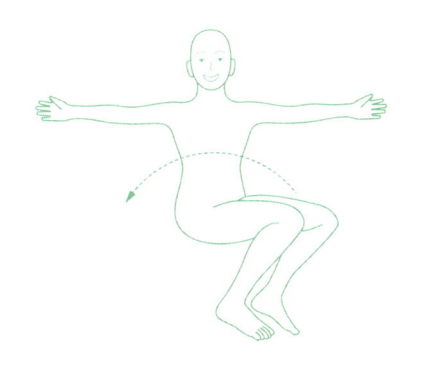

转躯运动

- 脊柱行走运动：仰卧，背部紧贴地板，用臀部和肩膀"行走"。（小心被地毯擦伤！）这项运动可以增强躯干肌肉，抑制脊柱格兰特反射，促进静坐、端坐、汇聚视线以及集中注意力。

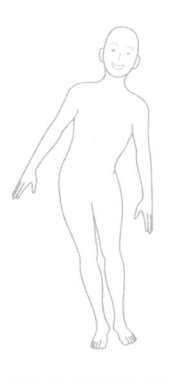

脊柱行走运动

- 中线训练运动：两人一组，双腿分开坐着，膝盖弯曲，双脚相抵。互相牵手开始像划船一样来回拉，直到每个人都尽可能向后倾斜。这个运动可以刺激平衡感、髋关节屈曲和躯干肌肉发育。它还通过跨越参与性躯干中线，整合前后脑，培养完成任务和表达的能力。

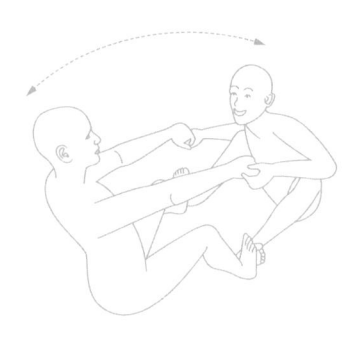

中线训练运动

3. 桥接反射

对称性颈部强直反射（STNR）

对称性颈部强直反射是一种桥接反射，在出生后出现并在短时间内抑制。当婴儿四肢着地时，弯颈低头会使手臂弯曲，双腿伸直，而抬头会使手臂伸直，双腿弯曲。对称性颈部强直反射分别在上半身和下半身增强肌肉张力。

因为它的功能是抵抗地心引力，这种反射的时间很短，把身体从腹部提升到四肢支撑姿态，并准备开始爬行。当头部抬起时，对称性颈部强直反射通过使腿弯曲来抑制迷路紧张反射。眼睛会开始聚焦到超过手臂长度的地方，当头部垂下并手臂弯曲时，眼睛会再次转移到近焦点的地方，从而培养从近到远的视觉能力。这种反射动作就像相机的镜头一样，在近距离和远距离焦距之间交替调整焦距，来培养视觉适应能力。

有关反射的情况	术语
• 出生：6—9 个月 • 抑制：出生后 9—11 个月	• 适应：从一个物体或角度到下一个物体或角度的调整视线焦点。

当婴儿把注意力从一只手转移到另一只手时，爬行是刺激适应能力和整合视觉能力以越过中线的重要步骤。在这一阶段，眼球运动意味着头部运动，因此前庭系统也会受到刺激和整合，以穿过中线，同时婴儿的注意力会集中在手上。婴儿的前庭系统越是受到运动的刺激，就越接近完美的平衡——坐着不动。

虽然对称性颈部强直反射将婴儿提升到四肢支撑姿态，但在婴儿开始爬行之前，需要抑制这种反射。婴儿通过四肢着地前后摇晃来抑制这种反射，然后以越过躯体侧边的方式向前移动。

对称性颈部强直反射异常的孩子在写字时可能会显得懒洋洋的，甚至枕在自己的胳膊上写。因为眼手协调和由近到远视力可能发育不良，发展球类运动技能和干净利落地吃饭往往是一个挑战。

预警信号

- 姿势不佳
- 像猿一样行走
- 笨拙
- 吃相不佳
- 肌肉张力差
- 坐在书桌前就没精打采
- 写字时枕在胳膊上
- 坐在地板上时腿呈"W"形
- 眼手协调性差
- 听和看时感到困惑
- 从近到远的技能差,从黑板抄写能力不好
- 球类运动能力差

享受开发体商的乐趣:

• 前庭摇摆运动:四肢撑地,轻轻地来回摇摆,同时向不同方向转动头部。从四肢撑地摇摆到爬行,同时转动头部(从左到右,从上到下)。用椅子和枕头搭一个障碍通道,鼓励从上、下、周围和之间爬过障碍。这是一个刺激整个前庭系统、运动管理和空间定位很有趣的方式,同时会抑制对称性颈部强直反射。

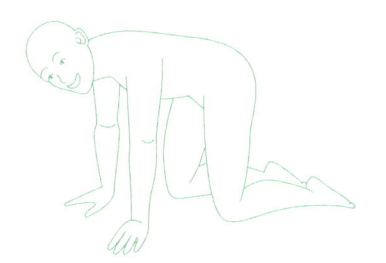

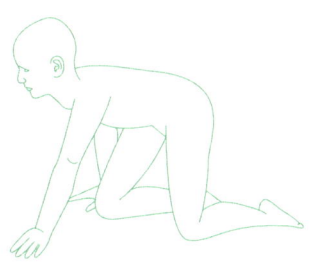

前庭摇摆运动

- 腹肌训练运动：仰卧并尽力触摸对侧的肘部和膝盖，同时上下、左右转动头部。进而只转动眼睛（上下、左右、远近），同时移动对侧手臂和腿。这项运动能增强躯干肌肉，改进姿态，同时解放手臂和腿部来进行技巧运动。它促进跨越视觉和动觉中线，更容易培养绘画、写字、阅读和球类运动技能。

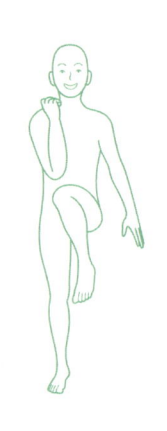

腹肌训练运动

- 重力爬行运动：在地毯或草地上爬行，保持腹部平贴在地板上，同时弯曲手臂和腿推动身体向前移动。在平坦的地板上像豹子一样伏身爬行，在斜坡上爬上爬下。这种运动有助于增强躯干肌肉的发育、肌肉张力和前庭刺激。它还能促进写字和运动的姿态培养以及全身协调。

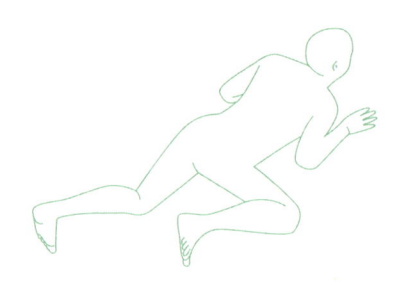

重力爬行运动

- 增加书桌的角度，形成一个斜坡（就像老式书桌一样）；这会让头部保持挺直，并减少手臂的弯曲程度，以防写字和阅读时懒散或枕在手臂上。

朗道反射

当托住婴儿腹部使其悬空时，就可以观察到朗道反射——手臂向前伸展，双腿向后伸展，就像婴儿自己在做伸展。当婴儿俯卧用四肢支撑把胸部抬离地板时，朗道反射可以增强肌肉张力。这也会增强躯干肌肉，促进头部挺直，解放手臂和腿来进行技巧运动。朗道反射也有助于抑制迷路紧张反射和促进前庭和眼睛的开发。保留这种反射表明生存大脑在活动，意味着不止一种反射仍然处于活跃状态，需要被抑制。

> **术语**
>
> - 伸肌：运动的方向是离开身体，张开。
> - 屈肌：弯曲运动，收拢。

预警信号

> - 平衡能力不佳
> - 跑步时身体下部动作笨拙
> - 蹦跳或跳远困难
> - 伸肌和屈肌运动不平衡

享受开发体商的乐趣：

- 天线调节运动：用力从上到下同时按摩两个耳垂。

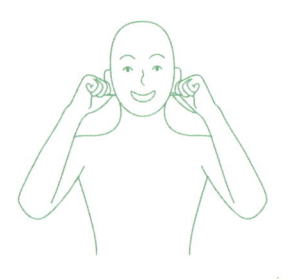

天线调节运动

- 转颈运动：站直，把颈部和脊柱想象成一串珠子，然后假想把串的绳子拉到头上，直到珠子竖直垂成一条直线。慢慢地把头向左边转，保持这种伸展的姿势数到八。然后慢慢尽量向右转头，保持脊柱笔直，保持这种伸展姿势数到八。只能转动头部而臀部和肩膀尽量保持朝前。这个动作可以缓解颈部和肩部的紧张感，从而让眼球自由运动，提高听力能力。前庭刺激还可以改善视觉、听觉和动觉中线的交叉作用，以及改善姿态和保持平衡能力。

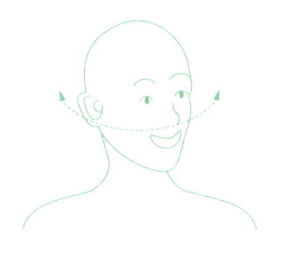

转颈运动

• 支撑运动：俯卧，双臂弯曲，双手靠近肩膀。慢慢伸直手臂，将上身推离地板，同时臀部和腿部平放在地板上。保持伸展姿势数到八。慢慢地开始弯曲手臂，直到身体和肩膀靠在两手之间的地板上。伸臂时缓慢吸气；在伸展位置上屈臂时缓慢呼气。休息，重复。这项运动可以增强躯干肌肉和肩带，使眼手协调，写字能力变得更好。它还可以改善平衡能力和中场学习，同时分离身体的上下部分，以促进进行体育运动所需要的大肌肉运动和全身协调能力。

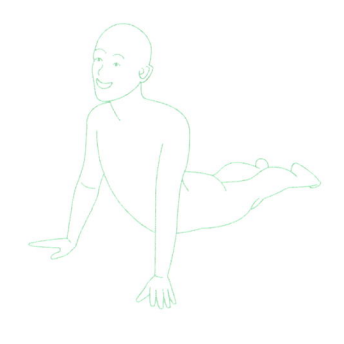

支撑运动

- 脊柱伸展运动：一旦掌握了支撑运动，平躺在地板上。慢慢吸气，同时做躯干肌肉动作将头部和肩部推离地面，放松手臂和手。双脚放在地板上，上半身悬在空中数八下。从左到右转动头部，然后慢慢呼气，降低身体，直到身体在地板上完全放松。这个动作加强了躯干肌肉，将头部动作和手臂动作分开。它通过跨越中线和在眼部中场位置学习来促进视觉整合，从而提高绘画、写字和阅读能力。

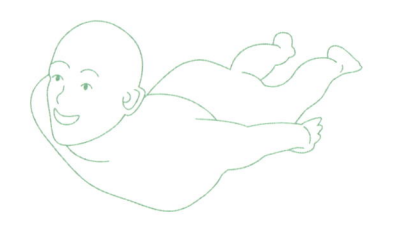

脊柱伸展运动

4. 姿势反应

宫内反射和原始反射由生存大脑控制，逐渐让位于由情感大脑控制的姿势反应。姿势反应的功能是开发姿势、动作和稳定性，这需要在以不同方式运动时——跑步、摇摆、跳绳、游泳、写作等，保持头部和身体处于特定的位置。

姿势反应的出现是运动产生的必要条件——开始是伸展和滚动这种原始本能运动，逐渐发展到如爬行这样复杂的横向运动，最后是如跑、跳、读和写这些经过协调的大肌肉运动。

出生后的运动发育从头部到脚趾，从身体中心部位向外到手指和脚趾。在能仰卧前，控制是在婴儿俯卧时实现的，因此要让婴儿花很多时间趴在地板上。

姿势不好的孩子首先需要通过各种活动和游戏来增强躯干肌肉，比如做仰卧起坐、在单杠上吊臂、在公园里玩、和爸爸玩摔跤、骑自行车和游泳。

眼头翻正反应

控制头部运动可不是一件容易的事，因为平均每个婴儿的头部重量占其体重的 25%。想象一下把 25% 的体重放在脖子上会是什么感觉！

头部控制能力是指从仰卧时抬起头部并保持这个姿势的能

力发展到抬起头部后又向后下垂时重新挺直的能力。下一步是头部将身体"拉"起来，进入坐姿，然后将头部向与身体相反的方向左右移动，并保持这个坐姿——就好像快要从椅子上掉下来一样。

眼头翻正反应提供视觉信号来维持头部稳定，而迷路性翻正反应则依赖前庭系统传来的信息。如果两个系统配合良好，就可以实现头部控制。如果这两个系统不能协同工作，那么平衡能力、眼睛协作、视觉和听觉感知就会变得很难，孩子不能分辨听到和看到的东西，会变得很糊涂。

如果孩子经常抱怨颈部和肩部紧张或头痛，并发现很难越过躯干中线，这可能表明头部翻正反应发育还不成熟。

姿势反应情况	术语
• 出现：3—12个月；持续到老年	• 头尾侧：从头到脚的发育。 • 眼：眼 • 运动：手 • 摇摆板：一块 30cm x 30cm 的木板，下面连接一块 6cm x 6cm 的木块。

预警信号

- 眼运动功能障碍导致书写问题和手眼协调困难
- 球类运动能力差
- 视觉分辨力差，看不到差异和相似之处
- 分辨词尾能力不佳
- 视觉记忆差导致拼写错误
- 运动管理困难，好像手不想做眼睛要求它做的事情——手笨
- 做事缓慢
- 空间意识差
- 运动病或旅行病

享受开发体商的乐趣：

- 需要加强前庭训练。
- 天线调节运动：用力从上到下同时按摩两个耳垂。

天线调节运动

- 扭躯运动：双腿分开与肩同宽站立，上身前倾，手臂下垂。膝盖弯曲。开始从右到左慢慢转，用身体和手臂做一个圆。停下来改变方向，从左到右旋转，形成一个尽可能大的圆。一开始坐

着做这个练习可能更容易一些,如果平衡有问题,可以防止摔倒。这个运动可以刺激前庭、加强平衡能力、肌肉张力和空间定位。它还促进超越参与性和侧向躯干中线,促进恰当行为和任务完成能力。

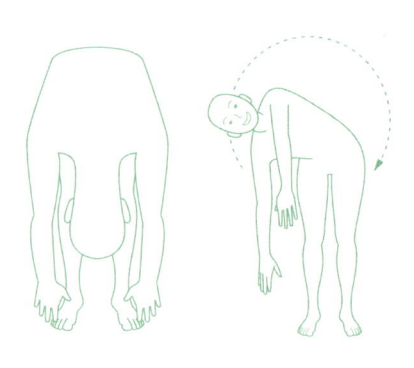

扭躯运动

• 按摩太阳穴运动:从耳前开始,双手同时使用,轻轻向上轻拍耳朵周围。这项运动能促进刺激颞叶,可以提高听力和听觉感知能力,刺激前庭,提升本体感觉和平衡能力。它也能促进以口头和文字形式融合倾听与交流的能力。

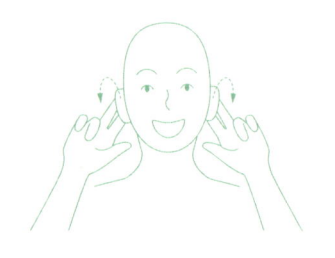

按摩太阳穴运动

- 闭上眼睛在公园里玩转椅、滑梯和秋千。在玩耍时慢慢睁开眼睛。
- 蒙上孩子的眼睛，在秋千上慢慢地把他转过来，然后松开秋千绳。慢慢睁开眼睛并向两个方向旋转。
- 躺在摇摆板上，首先保持平衡，然后坐着，最后站着——首先闭上眼睛或蒙上眼睛，然后睁开眼睛。
- 躺在滑板上，闭上眼睛前后移动。从坐着到站着——先闭上眼睛或蒙上眼睛，然后睁开眼睛。
- 在床上或蹦床上跳，先是躺着跳，然后坐着跳，最后站着跳。

降落伞反应

这种对失去平衡的保护性反应依赖视觉输入来纠正。支撑反应出现在 6 到 8 个月的时候，处于坐姿时伸出双手保持平衡。

这种反应会触发降落伞反应，防止坠落，保护身体和头部免受撞击。

当婴儿以垂直姿势跌倒时，可以观察到这种反应：腿首先会伸展，然后以保护性姿势向上拉。如果婴儿向前摔倒，也会发生同样的情况：手臂伸展以吸收冲击力并保护身体。这种快速的伸屈肌动作也有助于婴儿吸引成年人的注意力以获取帮助。

姿势反应情况	术语
• 出生：6—9个月 • 抑制：9—11个月的寿命	• 拉长：使肌肉永久拉长，而不是拉伸后恢复到原来的状态。

享受开发体商的乐趣：

• 手臂训练运动：双手合十，手掌向外。使身体处于直立的"串珠"状态，向前伸展手臂，拉长手臂和肩部肌肉。保持伸展姿势数到八。双手举过头顶重复这个过程。双手放在身体前面，手掌向下，重复这个过程。松开双手并将其移到背后。紧握并向下推动手掌，打开肩膀以拉长和放松肌肉。这个动作能刺激背部、肩膀和手部的肌肉张力，以改善姿势、手眼协调和沟通技巧。

手臂训练运动

- 腿部训练运动：坐在椅子上，两腿向前伸直，脚后跟放在地板上。把双腿抬离地板，脚尖向上用力弯曲，注意小腿肌肉开始紧绷。左腿放在地板上，右脚弯曲，保持弯曲姿势数到八。放松脚。抬起右脚弯曲数到八。用右脚重复这个动作至少三次。把双腿抬离地板。弯曲并指向双脚，注意小腿肌肉的任何差异。右脚放在地板上，左脚弯曲数到八。放松脚。再次抬起并放松左脚，数到八。用左脚重复这个动作至少三次。把双腿抬离地板。弯曲并指向双脚，注意小腿肌肉的任何变化。骑马、穿高跟鞋走路或滑冰也有助于拉长小腿和腘绳肌，减少多动症，提高控制冲动的能力。

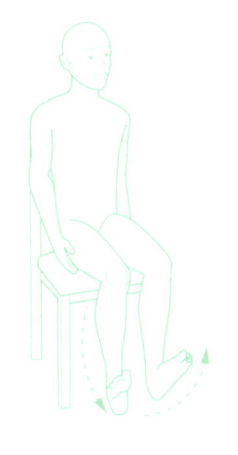

腿部训练运动

小结

学习蓝图的价值在于展开阐述神经反射系统的构成和工作方式，开发将身体的感官运动系统与大脑不同部分联系起来所需的神经连接组织。神经系统接收到刺激信号并在运动实践中逐渐发育，所以天天告诉孩子坐着别动并不能解决神经发育不完善的问题，而帮助孩子运动则可以解决这些问题。

运动和体商是人的第一语言。一旦孩子有了自信和运动能力，他就会主动激发自己的情商——知道自己是谁，能做什么。这进一步使他有信心与他人交流接触，从而开发他的第二语言——母语。体商、情商和语言发展对智商的发展和学习能否成功都至关重要。

PART 06

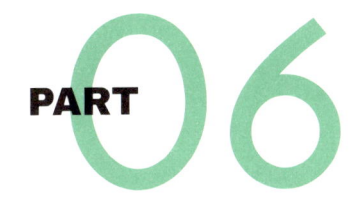

关于体商的常见问题

如何提高体商？

采纳本章中的策略和建议，识别和抑制异常反射，解决神经系统发育不良的问题。

如果没有异常反射了，是否需要进一步开发体商？

是的，当人们处在压力下或焦虑状态时，大脑容易回到生存模式。在生存模式下，不是大脑整体起作用，而是大脑和身体各自的主导部分在起作用。然后，需要一个加速器来激活大脑作为一个整体的状态，减轻人们的压力并促进学习过程。下一章介绍针对具体目标的思维活动，来刺激整个大脑、感官和四肢，以期在课堂上获得最好的学习效果。

如何知道该做哪些运动？

下一章介绍培养各种技能的具体训练方法，你可以选择一两个运动来促进大脑各部分的整合。

每个动作要重复多少次？

每个动作、每个训练过程重复五次就足够了。坚持每天做这些动作很重要，这样可以针对要培养的具体技能来促进相应的神经回路进一步发育。

要多久才能看到效果？

每节课重复五次后，就会立即发现有明显的进步。

这种改善是永久性的吗？

是的，帮助开发一个永久性的、可以支持培养技能的神经网络，这仅仅是一个开始。然而，这时形成的神经网络还很脆弱，只有被激活足够的时间，形成了髓鞘——把神经网络包裹在一个保护性的脂肪鞘中后，它才会成为永久性的。而这一般需要 6 周到 6 个月的时间。

做思维活动®会上瘾吗？

不会，只有大脑和身体的不同部位得到有效刺激和整合，使其能轻松、有效地发挥其功能之后，人们才会开始做这些运动。此后，只要觉得有必要接受进一步的刺激，还可以做这些运动。

会不会做得过多？

不会，只要动作不造成不适或者痛苦，思维活动®都是完全安全的。但这些动作也不宜重复太多，不能以任何方式伤害或损害学习者。不过，反复重复同样的动作可能会变得很枯燥，人们很容易失去兴趣，所以要尽量多变化以使他们保持兴趣。

什么时候做这些运动最好？

激发学习技能的最佳时机就是有需要的时候。在孩子想做写作练习之前，挑一个能刺激写作的运动；在他们想读书之前，做一个刺激视觉和枕叶的运动；做数学之前，做一个刺激耳朵和颞叶功能的运动；在做测试卷之前，做一些促进放松和整合的运动。

什么年龄做思维活动®最好？

它适用于所有年龄段的人，从基础阶段一直到退休后都可以。

思维活动®是刺激体商发育的唯一方法吗？

不是。在没有职业和神经发育治疗师的情况下，思维活动®是一种简单却科学的方法，用于在教室和家里刺激体商发育。刺激体商发育的方法还有很多，比如在公园里玩儿或参加各种运动项目、观看戏剧或跳舞。

PART 07

训练大脑，提高学习能力

本书所提供的方法并不能解决所有的学习障碍，但可以解决以下障碍：

• 感官刺激和整合障碍——通过开发感官—运动系统。

• 学习方式障碍——通过开发大脑和身体的非主导部分，从大脑作为一个整体的角度去学习。

- 语言障碍——通过开发耳朵和语言器官来学习不同的语言。
- 情感障碍——通过提高自己的能力，尤其是成功的潜力，建立自信和积极的自我意识。

以达到具体的运动结果为目的，本书中的运动需要进行分组组合，这样可以选择最佳的运动来训练大脑，更容易学有所获。这些组合中的所有运动都可以帮助开发相应的神经回路，使学习者能够熟练掌握控制躯体、听力、语言、阅读、写作、专注、拼写、数学、协调、答题、演讲、创造性解决问题等技能，并提高学习者的自信心。每一个动作重复五次或更多，能帮助大脑做好准备并学有所获。

只需上课前花两分钟让孩子的大脑做好准备，就可以减少实际教学时间，减少重复学习的次数，最终让其彻底理解学习内容。

挑选适合你的训练组合

1. 开发躯干
2. 听觉训练

3. 语言训练

4. 视觉训练

5. 专注力训练

6. 写作和演讲训练

7. 阅读和拼写训练

8. 创造性解决问题和数学思维训练

9. 提高记忆和自信答题训练

开发躯干，提高孩子专注力

大肌肉运动技能是指在行走、踢腿、投掷、跳跃、攀爬和接球等活动中，对身体大块肌肉的运动和控制能力。只有身体各部分按比例协调发展，具有足够的力量、平衡、协调和控制能力，并且各自能够独立发挥作用，才能完全掌握这些技能。内部感官负责管理感官整合、肌肉张力和方向感，由远端感官引导，从而产生有目的运动的意识。

大肌肉运动由一系列技能组成，这些技能俱属于无意识能力，能够让人保持静止或笔直的姿势和独立感。大肌肉运动能力差，具体表现为手脚笨拙、动作急促或机械、行为被动以及需要支撑才能长时间坐着或站立。

躯干肌肉的发育是开发大肌肉运动技能最重要的步骤之一。腹部和背部肌肉是躯干支撑身体直立的主要肌肉，靠这些肌肉解放大脑让它将全部精力放在所学课程上。躯干肌肉不发达会导致肌肉张力低，姿势差，注意力不集中和容易疲劳。如果大脑必须集中注意力，需要通过不断的运动保持身体的直立状态，这样的话它就无法专注于学习。由于大脑努力维持这种状态需要耗费很大的精力，学习者会出现多动或懒惰这种注意力缺陷问题。

躯干训练一般需要更多的重复次数，正常的每次动作重复5次这样的频率是远远不够的，加大训练强度才能加快大肌肉运动整合的速度。

躯干训练运动：

第1步：仰卧。慢慢地移动左臂和左腿，让它们好像绑在一起一样，转动头看左手。慢慢地移动右臂和右腿，让它们好像绑在一起一样，转头看右手。重复10次。

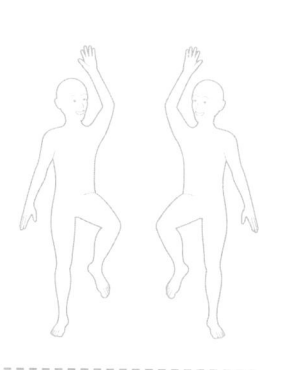

第2步：保持仰卧，慢慢将头部向伸臂和伸腿的相反方向移动。重复10次。

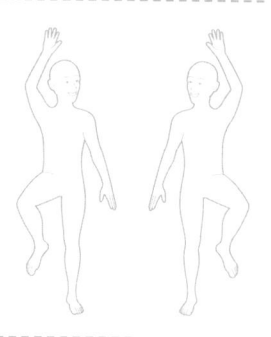

第 3 步：仍然仰卧，在左臂和右腿上系一条蓝丝带，在右臂和左腿上系一条红丝带。把系红丝带的胳膊和腿放在一起，伸出另一只胳膊和腿，头不动。然后把系蓝丝带的胳膊和腿放在一起，头不动，重复 10 次，放松。

第 4 步：一旦可以顺利完成第 1—3 步，则继续到第 4 步。如果不顺利，则每天重复上述三步，直到可以轻松完成。这几步一般需要几周的时间，而且可能需要外部帮助才能适当地移动手臂和腿。耐心地重复这一过程，为完成所有的动作打下坚实的基础。四肢着地爬行，头部左右移动。

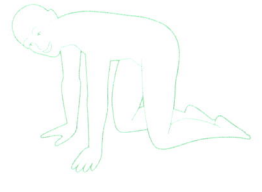

第 5 步：取下彩带爬行，同时将对侧手臂和腿部同时移动 10 次，但注意不要移动头部。

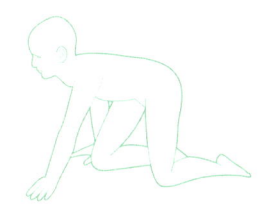

第 6 步：站立。同时将头部向左、向右、上下转动，同时将另一侧的手臂和腿一起移动。

第 7 步：将对侧的手臂和腿一起移动，同时转动眼球做无限大符号运动，但不要动头部。

训练听觉，提高孩子的理解和读写能力

听觉感知是人理解所听到的东西的能力。听觉感知能力不佳的学习者可能对教学指导反应缓慢，这是因为尽管能听到老师所说的话，但他不能理解其意义，因而也不能理解学习内容。

为了两只耳朵能够有效地倾听，必须充分开发"接收器"。耳廓，或称外耳，是接收空气中所有声波频率的器官。内耳里的细毛将这些声波频率转换成声音脉冲，大脑再经过分析赋予这些信号意义。

听觉感知包括以下技能：

- 听觉辨别能力是感知单词之间细微差异的能力，例如"bat"和"pat"，"13"和"30"，因而构成了听力、理解和拼写能力很重要的一个方面。

- 听觉分析能力（左脑）和听觉合成能力（右脑）是指将听到的单词分解成独立的发音并进行重新组合的能力，是阅读和拼写能力的重要组成部分。例如老师说"book"，学习者能够将单词分解成"b-oo-k"等独立的发音，然后将这些发音重新组合成单词"book"。

- 听觉排序能力是指按照听到声音的顺序，记忆和理解声音信号的能力，例如，单词"cat"由声音"c-a-t"组成，而不是"t-a-c"或"t-c-a"。这也同样适用于数字，例如，学习者能够记住老师说的是"239"，而不是"923"。这构成了阅读和写作过程非常重要的一部分。

- 听觉记忆能力是记住所听到的东西的能力，这种能力让人们能够理解声音节奏和诗歌韵律。一般而言，听觉记忆包括三个方面：短期记忆（可立即回忆起来）、工作记忆（直到任务完成才能回忆起来）和长期记忆（回忆很久以前听到的信息的能力）。

- 听觉闭合能力是指听到单词结尾部分的能力，在听觉辨别中起着重要作用。这种能力使学习者能够区分发音相近的单词，例如"sun"和"sum"，并记住它们的不同发音。

- 听觉前景—背景辨别能力是指在教室里听到和识别教师声音的能力，能使学习者听清相关的内容，忽略任何可能造成分神的不相关的噪声。

许多学习障碍是耳内感染的结果。如果一个学习者耳朵里灌满了液体，就听不清声音；其效果就像把一个人的头按到水里然后让他听清别人说的话。我们都知道这样根本分不清声音，可能导致混淆这些发音，如 f 和 p，k 和 t，ch 和 sh，th 和 f、p 和 b。

一个由于耳部感染造成不适和平衡能力不佳的学习者根本不愿意动。液体淤积在耳朵里，为细菌创造了完美的繁殖环境，而这会造成耳朵进一步反复感染。

耳朵反复感染、噪声太多都会让人"关闭"听力，这是一种听觉超敏反应的保护机制。有耳朵超敏反应的人缺乏过滤声音的能力，无法把注意力只集中在相关的内容上。过滤声音的能力不佳会影响语言发展、沟通技巧、学习和行为能力。

耳朵反复感染和噪声太多也会影响空间定位、组织技能和运动规划能力。由于耳朵和前庭（平衡）系统需要一起合作，如果一个人无法判断自己在空间中的位置，也就不会知道别的东西都放在了哪里，这就导致有些孩子颠倒字母和数字的顺序，在阅读和写作时经常找不到位置，方向感和听力能力普遍较差。

为了帮助两只耳朵协同工作，尝试听不同的语言，尽量听清楚，开发空间定位和平衡能力，可以将以下运动中的一个与天线调节运动结合起来训练。

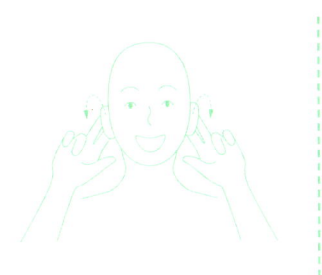

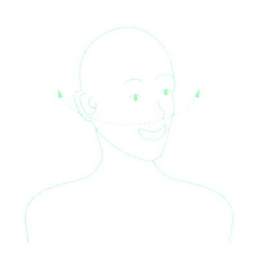

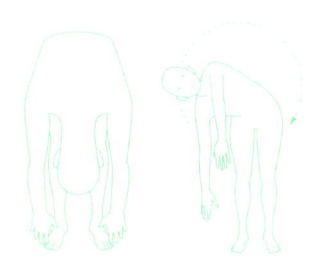

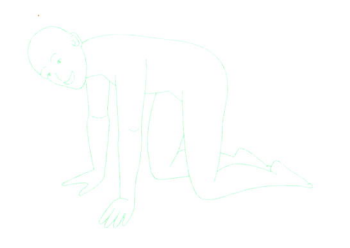

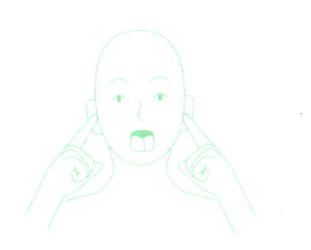

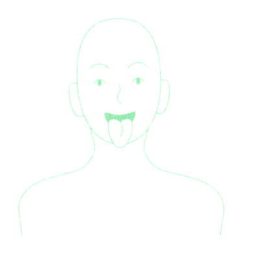

按摩太阳穴运动	转颈运动
颈部屈肌运动	脊柱行走运动
扭躯运动	前庭摇摆运动
张大下颌运动	舌头训练运动

PART 07

训练语言，提高孩子认知技能

当孩子接触到好的语言学习榜样、具有各种不同的经验后，言语能力和语言技能就会自然而然发展起来。言语能力是指孩子认识和运用词汇的能力，而语言技能是指理解和运用语言的能力。因为人都需要归属感（情感和社会需求），会把语言作为与他人交流和沟通的有效手段，所以早期充分开发语言能力对认知技能的发展至关重要。

一开始，小孩子就知道用词来给具体物体命名。后来他会意识到词代表着有意义的经验，是形成概念和抽象推理的基础。一旦孩子意识到晚餐时间代表了一种特定的经历，并具有特定的含义，他就会开始恰当地使用这个词。但实际上对小孩子而言，可能经常会说一个词，但却并不知道这个词的确切含义（言语技能），例如，一个孩子可能会在"Yesterday I am going to Granny's house"（昨天我要去奶奶家）这句话中使用"昨天"这个词。[01]

认知技能，包括定义、分析、比较、分类、归类、组织、记忆、推理、评估和解决问题的能力，都依赖于个体认知概念的发展。充分的语言发展构成了概念形成（抽象思维）、推理和数学的基础。

认知技能依赖于准确的听觉和听觉输入。耳朵就像天线一样，

---

01 "Yesterday I am going to Granny's house."这句中的时间词"yesterday"表示"昨天"，而全句使用的却是将来时态，属于语法和逻辑错误。

能接收声音信号并将这些信号调制到语言当中。它所起的作用就像汽车里的收音机，在行驶过程中需要调谐才能保持正确的频率。因为每一种语言都有自己的频率，所以学习新语言的人需要学会听懂这个特定的频率，以克服学习该语言包括说、拼写、读和写作这些自然障碍。

可以通过研究不同语言中所使用的元音系统来说明这个问题，例如"ship"中的"i"和"sheep"中的"ee"听起来很像，发音也差不多；"paper"中的"a"和"pepper"中的"e"听起来很像，发音也差不多。或者比如，一些东方语言中不会出现"r"这个音，他们通常会用"l"代替，比如把"fried rice"发成"flied lice"。

从天线调节运动开始，选择下面任何能促进语言发展的运动进行语言学习训练。

同侧行走运动和双侧行走运动　　拥抱阳光运动

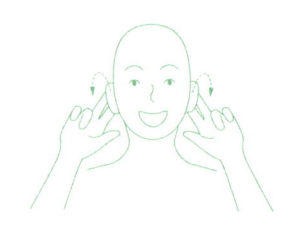

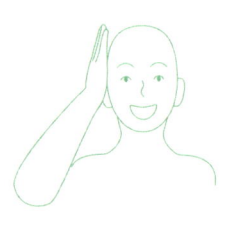

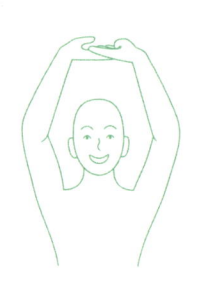

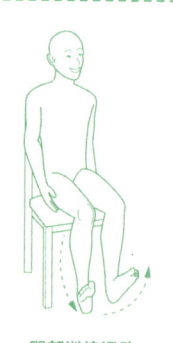

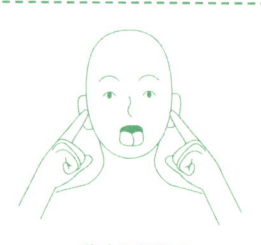

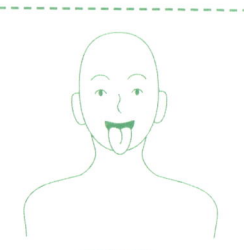

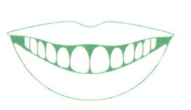

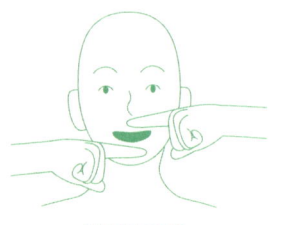

按摩太阳穴运动	颈部屈肌运动
手臂训练运动	腿部训练运动
张大下颌运动	舌头运动
唇部训练运动	按摩嘴唇运动

训练视觉，提高孩子读写能力

视觉感知是大脑通过眼睛与外界接触接受刺激并处理分析所接收的信号的能力。准确的视觉感知能力可以使学习者读书写字、做数学题，但视觉感知能力发育不良会对其对世界的认知造成扭曲。

眼睛只能看，而大脑才是真正"看见"。当眼睛看到的图像通过视神经传递到大脑后部的枕叶时，这些图像通常会被上下、前后颠倒。图像到达枕叶后，记忆就被唤醒了，使人能够将新看到的图像与之前所看到、听到、感觉到、品尝到或闻到的东西关联起来，并赋予它们意义。

视觉感知能力包括以下技能：

- 视觉辨别能力分为两类：视觉分析（左脑）和视觉合成（右脑）。视觉分析是一种能够看到外观上相似的单词、字母、图片和数字之间差异的能力，例如分辨"bat"还是"bar"、"pat"还是"pot"、数字2还是5。视觉合成是将部分合并成整体的能力，例如 c-a-t=cat，以及识别相似性和模式的能力。

- 前景—背景识别能力是指通过一次聚焦一个物体，将可能位于合成图片中处于前景或背景中的物体（图）分离出来的能力。大多数涉及着色、创造模式、阅读、写作、数学和拼写的活动都需要图形—背景识别能力。

- 视觉记忆能力是指回忆视觉图像的能力。因为能让学习者在视觉上识别文字,所以是体现一个人阅读能力的重要方面。
- 形状感知能力是指观察物体形状和大小的能力。这种能力对于学习者而言很重要,就是说无论颜色、大小或观看角度如何,学习者都应该能够正确地识别一个正方形。因为这种能力能让学习者记住字母、单词和数字的形状,所以它也是体现阅读能力的一个重要方面。
- 视觉排序能力是记住所看到的字母顺序的能力,例如能否分辨"cat"是"c-a-t",而不是"c-t-a"或者"t-a-c"。
- 视觉闭合能力是识别序列结束或图像边缘的能力。

每种反射都会产生不同的视觉效果。
- 摩洛反射开发注视能力。
- 迷路紧张反射,开发视觉融合能力。
- 不对称紧张性颈反射,开发近视或近距离观察能力和左/右跟踪能力。
- 对称性颈部强直反射,开发由近到远的视觉能力。

视觉障碍会导致眼神接触能力不佳,视线无法聚焦或集中于一个物体,扫描、跟踪、汇聚、拼写、阅读和写作能力差这些问题。从训练躯干运动开始做,一旦躯干训练运动可以轻松完成,可以进行双边整合运动,再选择以下一个或两个运动来促进视觉能力开发。

视觉思维活动

开机运动

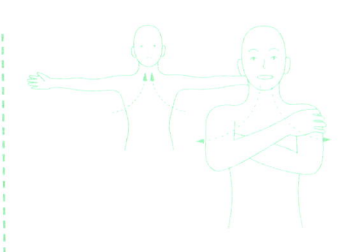

拥抱阳光运动

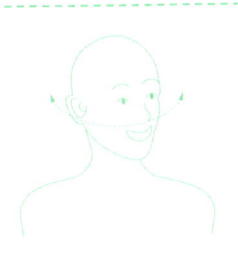

转颈运动

鼠标垫运动

腹肌训练运动

视觉训练运动

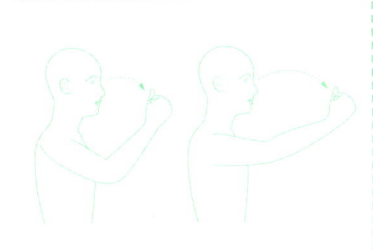

调节焦距运动

转躯运动

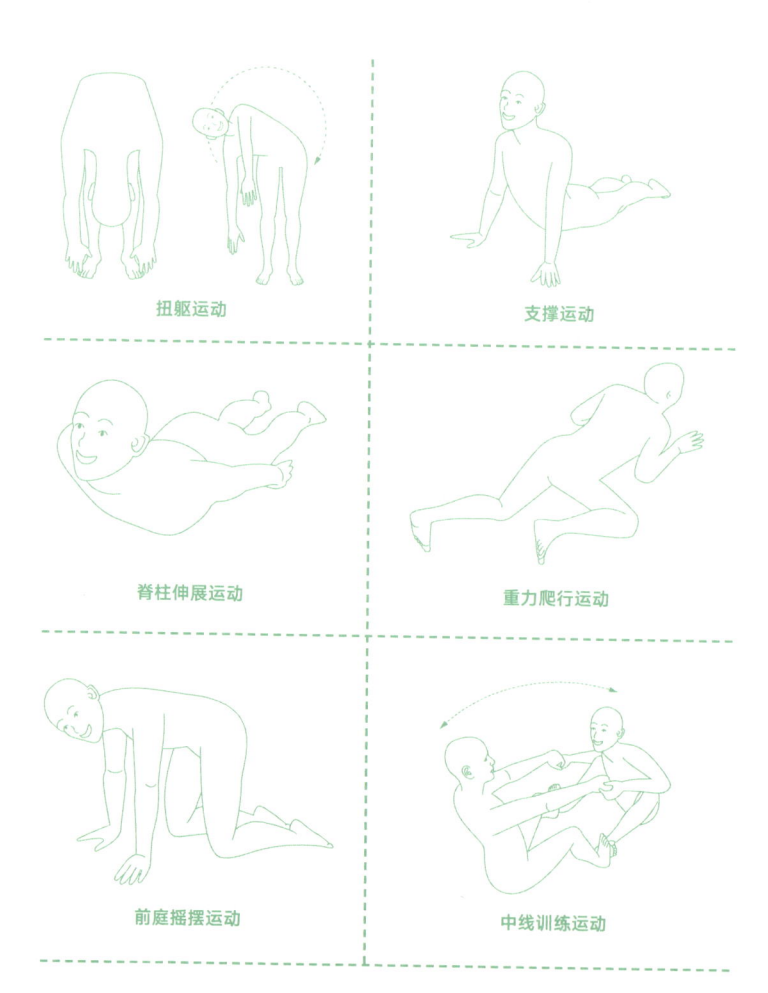

扭躯运动	支撑运动
脊柱伸展运动	重力爬行运动
前庭摇摆运动	中线训练运动

提高专注力的思维活动

当孩子一次能把注意力集中在一个物体上,并保持足够长的时间、足够深的深度去感知它时,就代表着他能集中注意力。当孩子把所感知到的东西从工作记忆中提取出来，并与以前的经验和现有的知识进行比较，就做到了摆脱情感的影响，可以对感知内容进行相关性和优先级检查。如果学习的内容被认为是相关的、重要的，就会触发某种化学反应，将获得的信息"黏"在长期记忆中，并激发相应的、适当的行动。

如果学习内容被认为是不相关的、不重要的，则会引起情绪低落反应，记忆中产生的化学物质或者"胶水"就很少，学习内容会被丢弃，感官开始搜寻其他东西来集中注意力，孩子的行为可能变得不恰当。

集中注意力、保持全神贯注所需要的体商要求，具体包括警觉意识、大脑完全清醒和无异常反射。感官负责搜索信号、大脑负责集中注意力并处理这些信号，但如果任何一个反射异常，大脑会首先激活该反射，尝试关注刚学习到的东西。根据孩子的感官整合能力和异常反射的严重程度，他此时可能会遇到严重的注意力无法集中的障碍。

所有的反射都被抑制后才会自动刺激感官，并以系统的方式整合大脑，这样才能为集中注意力进行学习铺平道路。

因为集中注意力是一个完整的反射链工作的最终结果，所以最好按照这个反射链的自然顺序进行，建议孩子在能够胜任上一个训练活动后，再继续进行下一个运动训练。

躯干训练运动

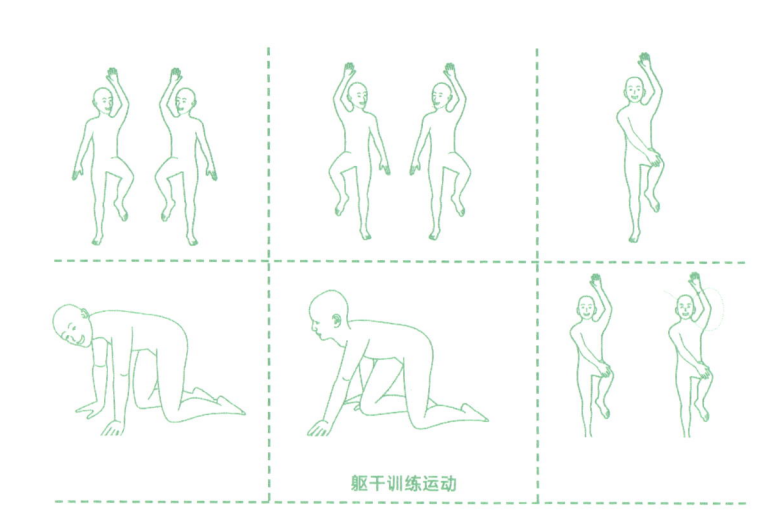

专注力思维运动

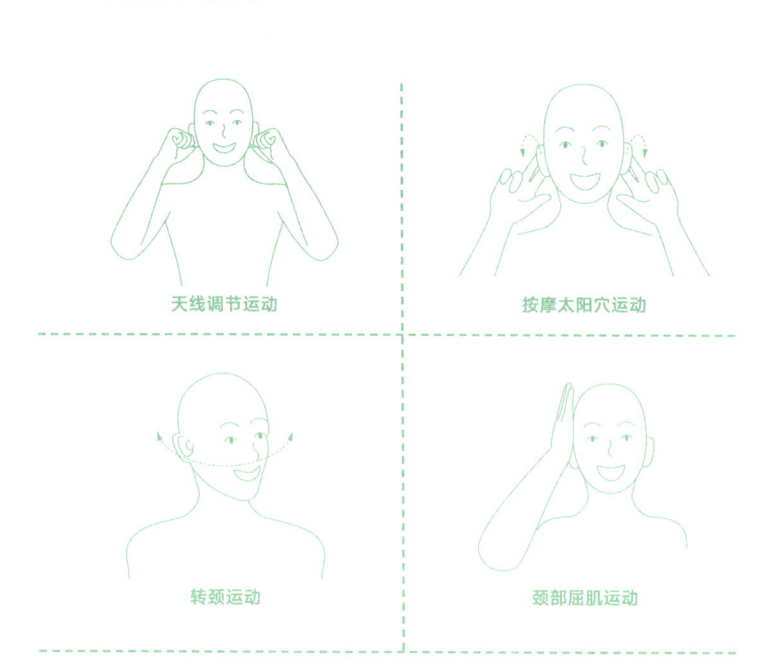

天线调节运动

按摩太阳穴运动

转颈运动

颈部屈肌运动

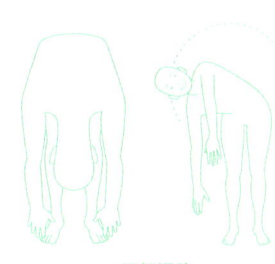

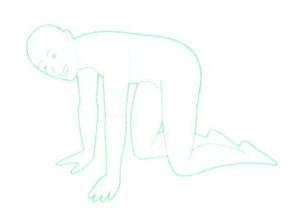

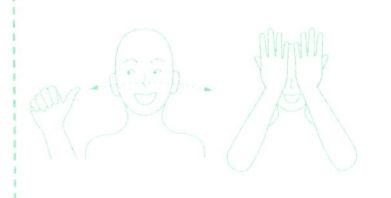

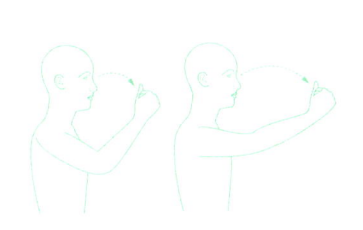

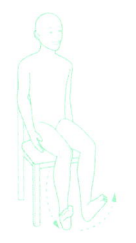

脊柱行走运动	扭躯运动
前庭摇摆运动	视觉训练运动
调节焦距运动	手臂训练运动
腿部训练运动	拥抱阳光运动

PART 07

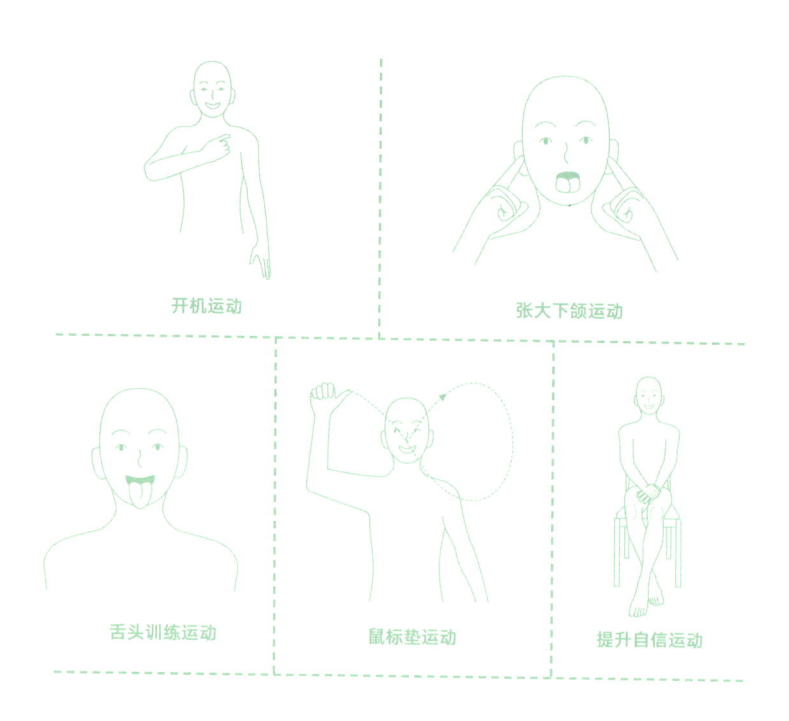

开机运动　　　　张大下颌运动

舌头训练运动　　鼠标垫运动　　提升自信运动

写作和演讲训练

精细运动技能包括使用有限的运动和控制来执行精确的动作，例如清晰的语言表达、正确握笔、画画、扣纽扣、剪切、写字等活动和眼球运动。精细运动技能是大肌肉运动技能发育良好的结果。当孩子发现自己不做口部动作就很难完成堆积木、拿蜡笔或铅笔、画直线、扣纽扣或系鞋带等活动时，显而易见这是精细运动技能发育不良的结果。

发育完善的大肌肉运动和精细运动技能最终能够跨越侧边中

线。侧边中线是一条假想的、分隔身体左右两侧的线。越过躯体中线意味着左右脑半球在胼胝体上已经整合为一体，可以使两只眼睛、两只耳朵和两只手在身体前面协同工作。能够越过躯体中线对于学习者进行绘画、剪切、拼图以及后来的写字、阅读和拼写等活动都至关重要。

下列情况很明显是无法越过躯体中线：

孩子从左到右画画，在身体另一侧画画时，把蜡笔交给另一只手。

孩子在纸上绘画 / 书写时向一边倾斜。

孩子把拼图、游戏、书或纸移到身体的一边。

可以选择下面一个活动来开发精细运动和书写技能。

拥抱阳光运动

开机运动

双侧整合运动

斗手指运动

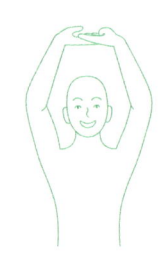

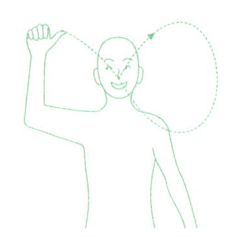

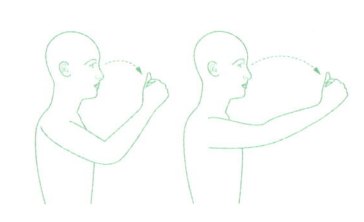

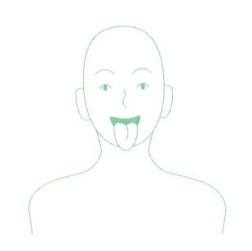

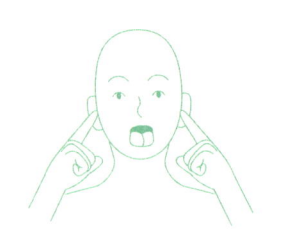

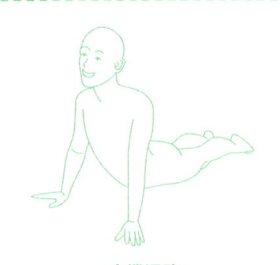

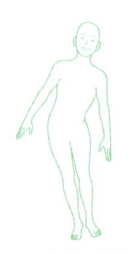

手掌伸展运动	手臂训练运动
鼠标垫运动	焦距调节运动
舌头训练运动	张大下颌运动
支撑运动	脊柱行走运动

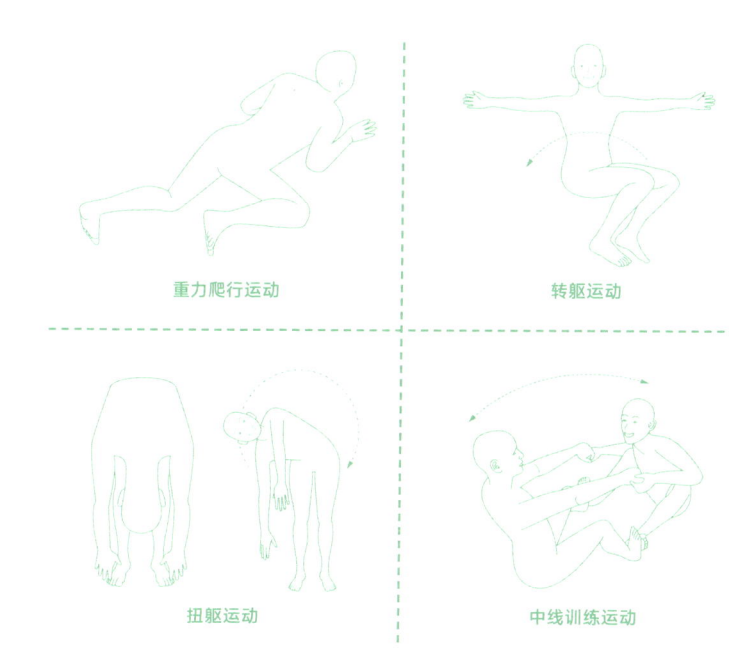

重力爬行运动	转躯运动
扭躯运动	中线训练运动

培养孩子阅读和拼写能力的训练

空间定位能力是培养拼写、阅读和写作能力的先决条件，是孩子将自己或一个物体与另一个物体相联系的能力。事件围绕孩子发生，在这个过程中孩子建立起自我信心和自我意识。一旦孩子知道自己在空间中的具体位置，就可以更容易地识别其他物体的位置以及字母和数字的方向。

本体感觉和空间定位是人们进行运动规划的关键，比如清理自己的环境和整理自己的物品。一旦孩子能够计划和组织他的行动和环境，就相当于为抽象推理过程架起了桥梁。这项技能对于理解形式的恒常性、顺序性和封闭性很必要，从而使孩子有能力准确完成抄写、书写、拼写、阅读和解数学题等任务。

顺利进行阅读和拼写需要有效地刺激本体感觉、前庭系统、耳朵和眼睛，以及足够的大肌肉运动和精细运动控制能力，作为帮助孩子在空间中定位的工具。为了能够准确拼写，学习者需要听到一个词，然后记住词的字母顺序，并准确地将脑海中形成的图像复写到纸上。

不幸的是，大多数情况下我们早期接触拼写（特别是在英语中）就是老师教学生一个字母代表一个发音，就像"apple"的"a"；而实际上字母"a"可以发许多不同的音。例如，对大多数人来说，单词"ant、baby、banana、zebra、swan、ball"和"any"中的"a"有不同的发音，而且这些例子仅指当"a"单独存在时，作为一个图形（一个字母）怎么发音。然而，当"a"出现在双音符（两个字母）中时，也可以表示不同的发音，例如"snail, said, tray, says, bread, beach, great, collar, sauce, half, walked"这些词；三音符（三个字母），例如"hair, square, ear, hear, pear, are"这些词；还有四音符，例如"straight"这个词。

以一种具体且有趣的方式反复练习音素（发音）和图素（图形），对于帮助学习者培养信心、学习这些构成语言的基本符号是很必要的。

从下面的活动中选择，培养孩子的阅读和拼写技能。

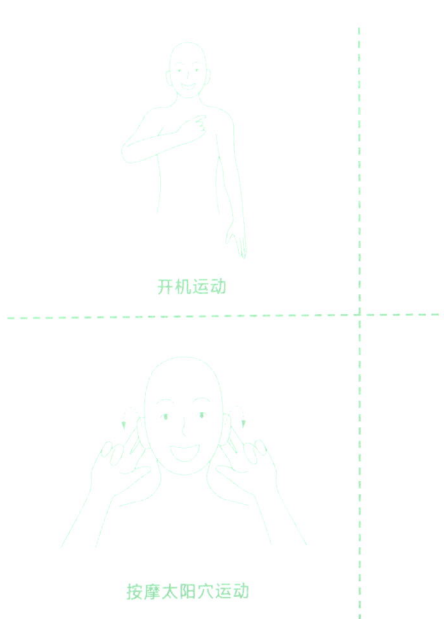

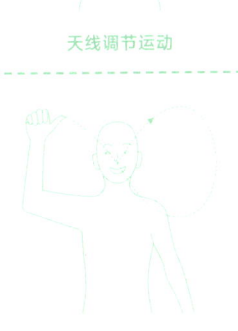

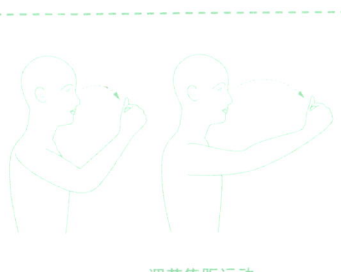

开机运动	天线调节运动
按摩太阳穴运动	鼠标垫运动
调节焦距运动	视觉训练运动

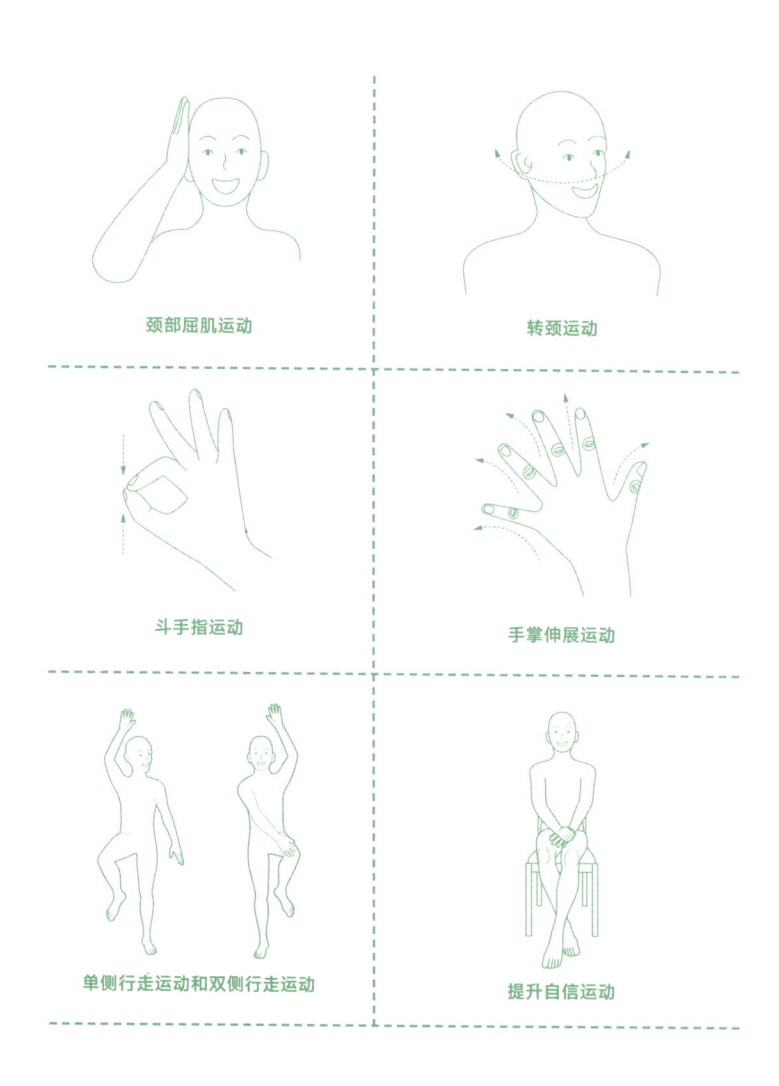

颈部屈肌运动	转颈运动
斗手指运动	手掌伸展运动
单侧行走运动和双侧行走运动	提升自信运动

创造性解决问题和数学思维能力训练

思考能力对学习过程至关重要。孩子具有思考能力能帮助他整理和组织所看到的、听到的、闻到的、触摸到和尝到的东西,以便让其更好地了解周边环境，进而用有效的方法解决实际问题。

4至11岁之间是培养孩子批判性思维和创造性解决问题能力的时机窗口。这时孩子已经具有了足够的经验和阅历，并能把这些经验和阅历存进记忆中，且还积累了足够的语汇来谈论这些经验，准备把这些知识付诸实践。

思考能力涉及准确识别事物异同的能力，能应用逻辑来分类对象的能力，包括将事物按照从最大到最小，或从最多到最少的顺序排列。思考能力也包括从不同的位置（上面、侧面、内部和外部）观察物体，最终做到可以观察情况、局势的能力。

根据让·皮亚杰（Jean Piaget）的理论，教育的目的是为了培养：

- 能够创新的能力，而不仅仅是重复别人做过的事情。
- 具有创造力、发明能力和发现能力。
- 具有批判性思维能力，而且能够求真证实，而不仅仅是盲目接受一切。

思考和解决问题能力是最高级别的技能，学习科学、数学和创造能力都可以归因于这些技能。思考能力帮助人类基于抽象推理寻找问题答案：是谁？什么？怎样？什么时候？哪里？为什么？对形状、颜色、数量、数字、时间和空间方向的充分理解是学好数学必须掌握的能力。

可从下面的列表中选择激发抽象推理、解决问题和数学（算术）所需的身体技能。

开机运动	脊柱伸展运动
手臂训练运动	双侧整合运动
腿部训练运动	单侧行走运动和双侧行走运动
扭躯运动	天线调节运动

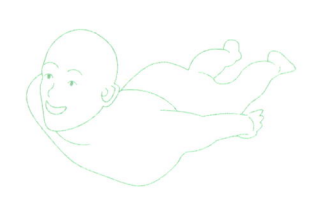

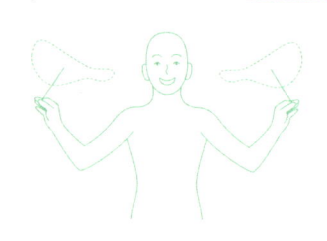

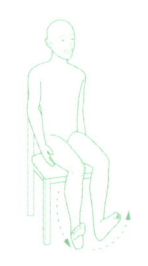

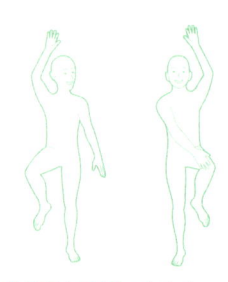

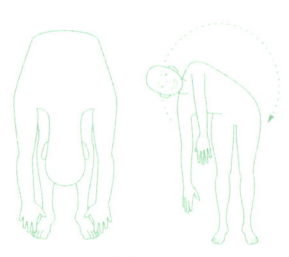

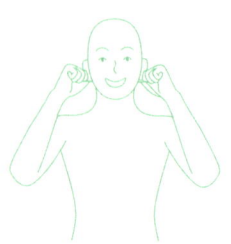

视觉训练运动　　　　　　拥抱阳光运动

提高记忆力和自信答题能力训练

通常孩子对考试不及格都有比较强的恐惧心理，所以诸如词汇测验、词汇考试等可以激发大多数孩子大脑的生存反应。而事实上对考试不及格的恐惧既可以是积极的——激励孩子取得好成绩；也可以是消极的——恐惧如此强烈以至于会使其变得麻木，让他完全陷入到害怕失败的旋涡之中。

对不及格的消极恐惧是大脑的一种生存机能。大脑的这部分在做出反应之前根本不会理性思考或顾及情感。因为没有理性思维来激活逻辑分析、推理和创造性解决问题的能力，也没有情感来释放记忆和激发学习斗志，这种情况下孩子既不能集中精力阅读试题，也不能准确地回答问题。他可能只会在这里和那里听到一个词，对要回答的问题想当然，随手写下脑海中随意浮现的答案。

相对于消极的失败恐惧，积极的失败恐惧能唤起孩子的警觉意识、让其全神贯注。在这种情况下，孩子可以将考试作为一种挑战，将自己的所有知识、创造力和热情激发出来，最终在考试中获得成功。

对不及格有消极恐惧的孩子需要走出生存模式，取得最好的学习效果。他需要有安全感，能够控制自己的思想和情绪，这样才能进入大脑的理性层，防止自己犯愚蠢的错误、取得不好的成绩。

水是大脑的燃料。喝几口水，提高应对考试的基本技能，在做测验或考试之前，从下面的列表中选择一个进行练习。

> 一旦思维准备就绪，学习自然变得容易。

提高记忆力和答题能力的训练

开机运动

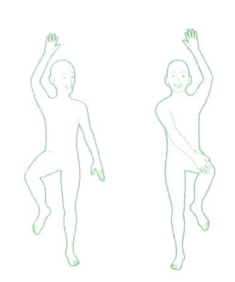

单侧行走运动和双侧行走运动

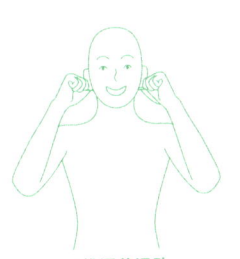

天线调节运动

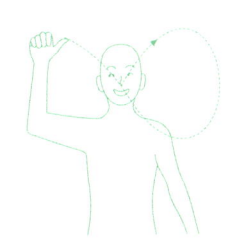

鼠标垫运动

手掌伸展运动

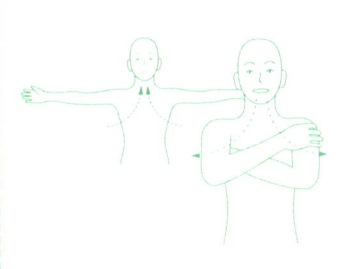

拥抱阳光运动

PART 07

参考书目

Baniel, A. 2012. *Kids Beyond Limits*. New York: Penguin Group.

Begley, S. 2008. *Train Your MIND Change Your BRAIN*. New York: Ballantine Books.

Blomberg, H. & Dempsey, M. 2011. *Movement that Heal*. BookPal: Australia.

Brown, T. & Link, J. (2015). *The association between measures of visual perception, visual-motor integration, and in-hand manipulation skills of school-age children and their manuscript handwriting speed.* "British Journal of Occupational Therapy", 79 (3):163-171.

Burnett, F.H. 1911. *The Secret Garden*. New York: Frederick. A Stokes.

Carlson, A.G., Rowe, E. &Curby, T.W. (2013). *Disentangling fine motor skills' relations to academic achievement: the relative contributions of visual-spatial integration and visual-motor coordination.* "The Journal of Genetic Psychology", 174 (5):514-533.

Costandi, M. 2016. *Neuroplasticity*. Massachusetts: The MIT Press.

Cheatum, B.A. and Hammond, A.A. 2000. *Physical Activities for Improving Children's Learning and Behaviour.* Illinois: Human Kinetics.

De Jager, M.2017. *Play Learn Grow*. Johannesburg. Mind Moves Institute Publishing.

De Jager, M. 2018. *Brain Development MILESTONES & Learning*. Johannesburg. Mind Moves Institute Publishing.

De Klerk-Weyer, R. & Le Roux, R. *Emotional Intelligence*. Cape Town: Human & Rousseau.

Dennison, P.E. and Dennison, G.E. 1985. *Personalised Whole Brain Integration*. Ventura: Edu-Kinesthetics.

Fernandes, V.R.; Sciplao, M.L.; Melo, T.; Machiel-Pinheiro, P.T.; Guimaraes, T.T.; Araujo, N.B.; Ribeiro, S. &Deslandes, A.C.（2016）. *Motor Coordination Correlates with Academic Achievement and Cognitive Function in Children*. "Frontiers in Psychology", 7:318.

Grinder, M. 1989. *Righting the Educational Conveyer Belt*. Portland: Metamorphous Press.